工业品营销 4.0

吴越舟 冯金曙 著

民主与建设出版社
·北京·

© 民主与建设出版社，2025

图书在版编目（CIP）数据

工业品营销 4.0 / 吴越舟, 冯金曙著. -- 北京 : 民主与建设出版社, 2025. 9. -- ISBN 978-7-5139-4989-7

Ⅰ. F764

中国国家版本馆 CIP 数据核字第 2025CZ5678 号

工业品营销 4.0
GONGYEPIN YINGXIAO 4.0

著　　者	吴越舟　冯金曙
责任编辑	刘　芳
封面设计	亢莹莹
出版发行	民主与建设出版社有限责任公司
电　　话	（010）59417749　59419778
社　　址	北京市朝阳区宏泰东街远洋万和南区伍号公馆 4 层
邮　　编	100102
印　　刷	涿州市京南印刷厂
版　　次	2025 年 9 月第 1 版
印　　次	2025 年 9 月第 1 次印刷
开　　本	710 毫米 ×1000 毫米　1/16
印　　张	19.75
字　　数	210 千字
书　　号	ISBN 978-7-5139-4989-7
定　　价	88.00 元

注：如有印、装质量问题，请与出版社联系。

推荐序

工业品营销的三大特性

中国改革开放40多年来，一大批世界级的工业品企业成长起来，从中国石化集团公司（中国石化）到中国宝武钢铁集团有限公司（宝武钢铁），从中国中化控股有限责任公司（中化控股）到中国五矿集团有限公司（五矿集团），从华为技术有限公司（华为）到比亚迪股份有限公司（比亚迪），它们为中国产业的整体崛起做出了突出的贡献。由于工业品企业在行业属性、市场结构、技术演进、运营与组织方面存在着独特的复杂度，在经营上与消费品企业存在着本质差异，这就要求人们在对工业品企业营销体系进行研究时，需要具备战略视野的高维度、行业演进的纵深度、技术沉淀的厚重度。

本书从理论框架到逻辑思考，从实战与咨询经验分享到30个经典案例的解读，让读者充分感受到工业品营销存在的三大明显特性：方案应用性、行业机会性和生态战略性。

方案应用性主要体现在工业品营销在成长期聚焦微观的模式

上。工业品市场的客户需求往往复杂多样，营销与技术团队必须与客户进行深入交流以识别其需求，在此基础上结合公司的技术实力和资源优势，协同研发团队设计出符合其特定要求的产品或服务，这种量身定制的产品和服务形成的组合就是方案技术的应用性营销。

应用性解决方案通常涵盖方案架构、关键与辅助性产品设计、技术支持、售后服务等多个方面。金发科技股份有限公司（金发）是一家世界级的新材料企业，核心业务改性塑料在2024年销售额已达320亿元，已连续10年保持了近20%的年增长率。这一优异成绩的取得有赖于该企业根据市场变化与业务增长需求持续创新的组织模式——在销售区域体系基础上，叠加大客户销售体系，又在此基础上叠加行业销售体系，成功实现不同的销售体系针对不同的客户群体。

方案应用性营销模式有效地将金发研发部分功能镶嵌到前台的营销体系中，使区域工程师、大客户工程师与行业工程师更加贴近客户的应用场景，洞察客户需求，从而聚焦应用痛点，实现金发的持续性研发与创新、先放后收。然后，金发通过小定制提炼中定制，再归纳大定制，在一段时间内持续扩展产品线。此后，金发在一段时间内持续收缩产品线，研发团队的工程师与营销资深人员相互协同、密切配合，以一系列应用性的方案满足了客户需求。随着业绩的增长，今天的金发已成为改性塑料行业的中国第一、世界第二，这充分展现了方案应用性营销模式的系统力量。

行业机会性主要体现在工业品营销在爆发期聚焦中观的模式

上。基于行业发展长周期的行业机会性营销模式，应是工业品营销中一道独特的风景线。行业机会营销与行业营销存在本质分野：后者深耕行业应用场景的差异化需求，通过打造非标产品或定制化解决方案，以最大限度地契合特定行业客户的需求，其商业逻辑的核心在于深化客户价值；行业机会营销则侧重行业市场规模的长周期的大波动，积极探寻宏观经济周期中增长速度相对较快的行业，在成长期渗透、成熟期收割、衰退期撤离与有效留存，其本质是企业级的价值投资行为。当企业规模较大或业务趋于多元时，行业机会营销往往成为企业经营的必然选择。

深圳市汇川技术股份有限公司（汇川）是一家专注于工业自动化控制领域的上市公司，早在2008年，汇川便以前瞻性的战略眼光成立新能源汽车部门，大胆探索并向新能源汽车领域迁移应用。基于早期行业现状，汇川阶段性地将战略重心放在商用车领域，通过持续的技术创新，推出电机、齿轮箱与电控一体化集成控制器，这款革命性产品凭借体积紧凑、安装便捷、维护成本低等显著优势，在商用车领域建立了稳固的市场根基。

随着行业发展，政策补贴重心向乘用车转移，2015年新能源汽车行业迎来爆发式增长。汇川敏锐地预判到新能源汽车市场将成长为万亿级的巨大市场，于2016年做出了全面进军新能源乘用车的重大战略布局，成立子公司"联合动力"独立运营汽车部件业务，聚焦电驱系统与电源系统的研发制造。

历经三年技术沉淀与严苛的客户验证，2020年汇川迎来了关键突破，完成了动力总成、电机、电控等核心产品的平台化升级，成功跻身造车新势力车企的供应链中,开启乘用车产品规模化量产新篇章。凭借商用车与乘用车领域的双线布局,汇川构建起完整产品矩阵。

随着新能源汽车渗透率的快速攀升,在 2020 年之后,联合动力搭上了行业发展的快车,营收规模实现了质的飞跃,从 2021 年的 29.03 亿元一路飙升至 2024 年的 161.78 亿元,年复合增长率超过 70%。汇川的实践说明,工业品企业应该对自身行业与相关行业的长周期有一定的认知并保持行业敏感,"不谋行业者难以谋爆发",许多行业的下游消费方式与商业模式孕育着短周期的"渐变",许多行业的上游核心技术、工艺与材料则孕育着长周期的"突变"。所以,对行业机会的洞察力决定了工业品企业的竞争力,汇川近 10 年的高增长充分说明了行业机会性营销的系统力量。

生态战略性则主要体现在工业品营销在成熟期聚焦宏观的模式上。生态战略性蕴含着三层具有现实意义的营销内涵。第一,产业生态的系统复杂性给线状协同带来挑战,在信息经济浪潮下,产品与解决方案的功能日趋多元,复杂度指数级攀升。传统制造业中单一主机厂联合少数关键供应商的生产模式,已难以满足现代产品的开发需求。第二,生态型分工复杂性呼唤更具"方向与弹性"的协同方式,传统的产品—部件线性分工,逐渐被主机厂—核心部件—生态合作群的网状分工取代,主机厂和其他供应商与合作商之间形成了生态型分工,长期来看需要方向性,短期则需要"柔性弹性与变通性"。第三,生态企业群体需要领袖企业构建大平台,主导梯度价值分配与平衡。随着 AI(Artificial Intelligence,人工智能)技术的演进与产业的连锁效应,生态型的庞大企业群体间的联

推荐序
工业品营销的三大特性

系更加紧密，这必然导致在特定产业内产生少数领袖企业并构建起大平台与生态链。由于一个产业内能够容纳的领袖型企业的数量有限，少数领袖企业之间最终会形成寡头竞争格局——合作性竞争与竞争性合作的两极同时强化，最终形成一种生态动态平衡。生态战略性是工业品营销的最高境界，需要全球、全产业与全周期的历史视野，或者更高的产业格局，以及更具时代性的民族进化情怀与组织奋斗基因。华为为什么把自主研制的鸿蒙系统贡献给国家？这是华为的生态战略。华为洞察到了国家的需求，迫于国际压力，中国必须建立自己的第二生态，如果鸿蒙系统为华为自用，其很难在短期内形成生态力量。但是，贡献给国家以后，就会快速在中国区域内形成一个大的产业生态，从而促进华为的良性生长。华为为什么不造整车，只做无人驾驶系统？这是因为华为洞察到未来的汽车就是一个移动的"电脑"或"移动的空间"。对于一个移动的"电脑"或"移动的空间"来说，其最关键的部分就是操作系统，而华为伟大的产业抱负是长期占据产业生态的领袖位置，控制产业链中价值的最高端，这就需要做"难而具有长期价值"的事情，做有核心技术壁垒的事情。所以华为只做无人驾驶系统的解决方案，可以赋能整个汽车产业，这明显是一种更高的战略智慧与更广的产业胸怀。

2025年4月10日，华为云生态大会在安徽芜湖盛大召开，华为产业生态战略的图景更加清晰，主要表现为以下三大方面。

其一，昇腾AI云服务打造百模千态的"黑土地"。为了满足不同行业、场景对大模型的多样化需求，华为对昇腾AI云服务进行持续优化。目前，昇腾AI云服务已全面适配包含DeepSeek在内的

160多个第三方大模型,为大模型的训练与推理提供了可靠保障,极大地支撑了行业应用的快速落地。

昇腾AI云服务就像一片肥沃的"黑土地",为各种大模型的生长提供了丰富的养分和良好的环境。无论是城市治理、智慧金融,还是医疗健康、气象预测等领域,都能借助昇腾AI云服务,找到最适合自己领域的大模型解决方案,加速行业智能化进程。

其二,盘古大模型深耕千行万业。盘古大模型已在30多个行业、400多个场景中落地生根。它持续聚焦行业解难题、做难事,不断沉淀各个行业的Know-How(技术诀窍)。

其三,华为产业生态战略共拓AI星辰大海。华为云全球生态部总裁康宁表示:"生态是广袤的沃土,只有生态伙伴的成长和成功,才有生态系统的枝繁叶茂。"目前,华为开发者规模超1200万,伙伴数量超4.5万,云商店应用数量超1.2万,华为生态"朋友圈"愈发繁荣。

华为在以上三个方面的最新动态,展示了华为在AI时代产业生态营销的无限可能。从创新的算力架构到丰富的大模型生态,从深耕行业的解决方案到蓬勃发展的生态体系,华为正以实际行动,将生态战略性的营销模式升级到战略层面,推动着千行万业的智能化跃迁。

综上所述,金发、汇川与华为三家企业的实践与探索,折射了工业品营销模式升级的实践路径,也彰显了工业品营销的三大特性与基因。方案应用性、行业机会性与生态战略性已成为撬动工业品营销客户、技术和产业的三大杠杆，也成为驱动工业品营销成长期、爆发期与成熟期的三台发动机。

  本书作者吴越舟，是华夏基石高级合伙人，具有20年甲方与15年咨询顾问的经历，具有丰富的工业品营销经验，对工业品营销体系有着极为深刻的认知和感悟。《工业品营销4.0》是他对当下中国工业品营销研究与实践的最新成果呈现。此书的出版，必将带给中国的工业品企业更多的启迪与启发。

华夏基石管理咨询集团董事长
《华为基本法》起草组长
彭剑锋

自序

　　企业的诞生堪称人类文明史上的里程碑式创新，法人人格独立、权责分离制度与有限责任机制，共同构建起现代市场经济的法权基石，释放了人类协作共创财富的潜能。但是正如中国古语"一龙生九子，九子各不同"所揭示的道理一样，在英国经济学家亚当·斯密描绘的分工图谱中，那些同享"公司"这一称谓的经济实体，在实际运营过程中展示出了迥异不同的生存法则。

　　"三百六十行，行行有门道"，由产业间分工延伸出来的各产业不仅呈现出物理形态的差异性，更蕴含着大不相同的经济原理，以房地产思维经营手机注定南辕北辙。如今，技术推动着产业内分工飞速发展，同一产业内也不断分蘖出新行业，用硬件管理模式驾驭软件公司必然方枘圆凿。纵览两百年企业演进史，审视当下科技公司的风起云涌，可以发现在经济的大千世界中，公司组织虽在产权界定上趋于统一，但其作业范式、经济原理与运营逻辑始终保持着本质分野。

　　营销是公司运营不可或缺的环节，承载着供需之间物理和价值交换的功能。正如国际商用电器公司（International Business Machines Corporation，IBM）传奇前总裁路易斯·郭士纳（Louis

Gerstner）所言："在零部件到达客户手中之前，有人不得不坐在生产线的最后，将所有这些部分产品以一种有创造价值的方式整合到一起。实际上，这个坐在生产线最后的人，就是在担负着将产品部件（部分产品）转化成价值的责任。"营销部门的职能正是"这个人"担负的责任。在现代产业体系中，工业品公司居于产业链的中上游，其价值以理性为主，感性为辅，而消费品公司位于产业链下游，其价值以感性为主，理性为辅。工业品营销贯穿于整条产业链的每一个环节，致力于价值的创造与传递，因此工业品营销是产业链良性运转的动力源、协调器、杠杆、轴承与黏合剂，其机理之精妙堪比机械钟表的擒纵机构，价值巨大。

然而从历史的理论体系来看，工业品营销尚未形成成熟的理论体系，理论真空导致诸多公司陷入"营销工具误用"的困境，麦肯锡《2023年全球制造业调研报告》显示，错误运用消费品营销策略导致工业品企业年均损失达营业收入的7.2%，这种认知偏差在中小型企业尤甚。本书基于作者多年的理论探索和咨询实践，对工业品特质、公司经营、工业品营销运营进行了深度剖析，力图为工业品营销的从业者提供适宜而准确的理论和工具支持，其独特价值体现在以下几个方面。

首先，突破传统营销的战术窠臼，构建战略导向的营销框架。工业品企业与客户既是市场交易关系，也是产业协同伙伴。若工业品营销局限于营销而缺乏战略牵引，营销活动就会退化为零散的战术组合，容易导致有些公司耗费巨资却难见成效，也会令有些公司投资营销时踌躇难决。本书突破了传统营销的范畴，上升到战略层面探寻公司营销的框架性导向，为解决实际问题提供了新的视角和前提。正如营销强则销售易，战略强营销亦易，尤其是在工业品领域，战略与营销的关系如同营销与销售的关系，当营销体系化运作时，销售推进则水到渠成，同样，当战略准确且明晰时，营销效能也会显著提升。

其次，首创工业品 4C 营销框架，填补理论空白。工业品营销需要契合工业品特质的运营框架，工业品可分为材料、部件、资本设备、供应品和服务，多数具有技术密集、场景分散、定制性强的特质。交换媒介对人的依赖性大于渠道网络，营销活动中沟通互动多于单向品牌传播，个性定制的解决方案优于产品的批量生产，价格离散分布胜于一个价格带内而非使利润最大化的某单一定价，因此 4C 框架即团队能力与组织（Competence of Team）、客户关系与沟通渠道（Communication with Customer）、定制解决方案（Customized Solutions）、配置化定价策略（Configured Pricing），这些活动可以类比消费品营销的 4P 框架，公司据此可形成一套层层推进的完整营销方法。这一框架在国内外尚属首创，具有重要的理论价值和实践意义。

此外，本书还就大客户营销、渠道模式设计、海外市场开拓和数字化转型等方面进行了精细阐述，使工业品营销实现了从战略到战术、从骨架到枝叶、从静态到动态的提升。运筹帷幄固然重要，但卓越的单兵素养无疑会放大战果，第五章对关系营销、技术营销、服务营销进行了工具性阐述。第六章对大客户营销攻略，聚焦竞争角度，扬长避短，可使大客户价值最大化。第七章破解了直销为主与分销为辅的协同密码，助力公司实现直销毛利和渠道覆盖的帕累托最优。第八章提出"营销本质，海外权变"的拓展原则，并从市场、法律、政策角度阐述了关键变化因素。第九章则指明营销底层逻辑与数字技术的融合之道。这些战术工具如同多功能组件，既自成体系又可灵活组合。

最后，本书呈现大量案例，回归工业品营销实践。管理理论与商业实践的关系，恰似易理中"不易"与"变易"的辩证统一。在社会科学领域，抽象理论与多样实践之间，大多还存在着一个可以被认知和规范的具象知识区域，这是咨询这个行业能够存续的根本原因。作为一本公开出版的书籍，本书无法触达每位读者所在企业的经营场景，因此提供了大量的案例，这些案例大多来自世界500强企业，读者可以登高总览、借鉴融汇、回视己身，正如彼得·德鲁克（Peter F.Drucker）所言，"管理是一种实践"。工业品营销同样是一种实践，期待各位读者受到理论和案例的双重启发，锻造出属于自身的营销之道。

人类正步入AI时代，AI技术的应用不仅将丰富终端产品的功能和形态，还会重塑产业链和产业生态的结构与运行机制。工业品营销面临着前所未有的机遇与挑战，机遇在于AI、大数据等技术的应用，使工业品公司能够更精准地洞察客户需求，优化供应链管理，提高营销效率。挑战则在于如何在数据驱动的环境中保持人性化的服务，如何在智能化进程中确保数据安全与隐私保护，以及如何应对瞬息万变的市场环境和技术革新。

投石击水，不为浪花，美在涟漪。工业品营销是一个人人熟悉但人人陌生的领域,人们不仅要识其面还要知其魂,由于数字智能技术正处于广泛应用的起始阶段,众多业态的运行模式正在改变,工业品营销之魂也处在灵动之中。世间万物皆有其局限性,作者也不能例外,限于阅历和水平,本书必然存在未明之处,诚挚希望本书是一个开端,能够激发企业家、营销管理从业者和相关领域学者的智慧和创造。

目 录

第一章 时代与产业：基于行业的周期演进

工业品概述：向企业客户提供价值 / 003

工业品在国民经济中的地位 / 003

工业品的分类 / 005

产业链的构成和产业的生命周期 / 007

案例1-1 计算机产业的演进 / 010

工业品营销的特点：超越市场的协同 / 015

工业品营销与消费品营销的区别 / 015

企业采购职能 / 017

组织采购行为 / 020

案例1-2 华为ToB业务的铁三角组织与LTC流程 / 023

工业品营销的时代发展：数字化技术对工业品营销的升级 / 027

消费互联网至工业互联网 / 027

纵向分工至产业生态 / 030

中国工业品企业的数字化营销 / 033

案例1-3 国联股份B2F反向采购模式 / 036

第二章 问题与对策：工业品企业营销实况、问题与原因分析

国内工业品企业案例：经营问题及营销体系 / 041

案例2-1 钢铁材料公司A突破量利两难困境 / 041

案例2-2 检测公司B线上直销步履维艰，转型为线下直销 / 044

案例2-3 照明公司C开拓新业务和海外市场亟须破局 / 046

案例2-4 水处理公司D的第二增长曲线缺乏组织支撑 / 049

工业品营销的问题：面临的问题和原因剖析 / 052

战略不清导致工业品营销缺乏导向 / 052

用消费品营销的框架开展工业品营销 / 054

对海外市场与数字化等环境变化缺乏适应性 / 056

案例2-5 欧莱雅集团与霍尼韦尔的营销实践区别 / 058

工业品营销突围与提升：解决关键问题的方案 / 062

强化战略观念，优化营销边界 / 062

工业品营销的4C模型 / 065

根据环境变化关键因素制定专项措施 / 067

案例2-6 罗克韦尔营销体系助其稳固行业领头地位 / 069

第三章 战略与规划：机会聚焦与价值选择

市场机会聚焦：寻找最大的价值空间 / 075

市场细分与方法 / 076

目标市场的选择 / 079

目 录

客户价值定位 / 082

<u>案例3-1 潍柴动力发电机组以核心技术为支撑深耕多个细分</u>

　　　　<u>市场 / 085</u>

工业品管理与开发：有限资源的经济配置 / 087

产品、产品线和服务 / 088

工业品是生产过程中的关键要素 / 088

合作伙伴关系 / 091

企业资源与投资 / 092

<u>案例3-2 三一重工集中资源于混凝土机械，开拓全球市场 / 093</u>

工业品营销战略规划：营销活动的良性循环 / 096

人员、渠道与广告 / 097

工业品营销目标 / 099

工业品营销路径 / 101

<u>案例3-3 ABB在中国市场的创新战略 / 104</u>

第四章 竞争与超越：产业谋略与超限思维

行业内竞争：明确内部竞争要素和格局 / 109

行业周期与关键成功要素的关系 / 109

行业内部竞争格局 / 112

关键竞争对手 / 114

<u>案例4-1 华为与思科在通信领域的竞争 / 116</u>

竞争内涵延伸：产业利润的获取和防御 / 119

上游供应商 / 120

　　　下游购买者 / 121

　　　潜在进入者 / 121

　　　替代品 / 122

　　　<u>案例4-2　卡特彼勒对五种竞争力的应对　/ 123</u>

制定竞争策略：外部环境转化为内部行为　/ 127

　　　影响工业品客户类型定位的因素 / 128

　　　工业品企业的同业竞争策略 / 131

　　　工业品企业的产业竞争策略 / 134

　　　<u>案例4-3　海螺水泥的"T型战略"建立低成本竞争力　/ 136</u>

超越竞争：依靠产业谋略设计利润空间　/ 139

　　　创造客户价值 / 139

　　　产业同盟 / 141

　　　业务选择与定位 / 142

　　　<u>案例4-4　索尼业务重新定位，避开智能手机终端竞争　/ 143</u>

第五章　策略与组合：结构推进与节奏把控

工业品营销策略：明确公司营销的基本打法　/ 147

　　　关系营销 / 147

　　　服务营销 / 151

　　　技术营销 / 154

　　　<u>案例5-1　IBM在20世纪90年代由技术营销转型为服务营销　/ 157</u>

目　录

工业品营销策略组合：项目突破的策略组合　/ 160

项目营销　/ 161

产品与方案　/ 162

定价和谈判　/ 165

案例5-2　金发科技营销团队利用技术、服务、关系突破新市场　/ 168

第六章　战法与连胜：大客户营销攻略

大客户项目突破架构：依照客户采购流程开发客户　/ 173

大客户市场调研　/ 174

大客户的采购流程　/ 175

开发大客户项目的要点　/ 178

案例6-1　汇川技术"一阶段一策略"开发兰州新能源项目　/ 180

大客户项目营销竞争策略：因地制宜，扬长避短　/ 183

聚焦竞争角度　/ 183

正面进攻策略　/ 185

命题重构策略　/ 187

价值组合策略　/ 188

案例6-2　盛弘股份利用优势提供新一代智能储能系统　/ 190

大客户关系管理：客户维护与价值最大化　/ 193

非转换型客户与转换型客户　/ 193

经营客户关系　/ 195

加强客户关系　/ 197

案例6-3　巴斯夫与宝马集团共同推进循环经济项目　/ 199

5

第七章　渠道与共赢：利益保障和引领成长

工业品营销的渠道模式：厘清规划渠道的可选项 / 203

准直销模式 / 203

分销模式 / 205

渠道模式选择的影响因素 / 207

案例7-1　华为BG的"铁三角+金牌代理"渠道模式 / 210

工业品营销的渠道设计：根据实际优选渠道 / 213

分销渠道 / 214

行业展会与专业会议 / 215

B2B电子商务平台 / 216

案例7-2　西门子（中国）的复合型渠道体系 / 217

工业品营销的渠道管理：动态运行与优化 / 221

渠道管理的职能 / 222

渠道绩效评估 / 223

渠道调整 / 225

案例7-3　卡特彼勒2021年渠道调整举措 / 228

第八章　国内与国际：海外市场的评估与开拓

开拓海外市场的条件：胜兵先胜后求战 / 233

工业品企业的国际比较优势 / 234

海外营销政策环境风险 / 236

海外营销的合规风险 / 238

反倾销、反补贴和保障措施 / 240

案例8-1 国内LED企业胜诉美国超视公司提请的"337调
　　　　查" / 240

国际营销区域市场：目标市场与企业能力相匹配 / 243

　　北美市场 / 243

　　欧洲市场 / 246

　　亚太市场 / 248

　　案例8-2 华为全球化的区域路径 / 250

国际营销的制胜战术：行动实现目标 / 253

　　创立海外品牌 / 253

　　利用政府资源 / 255

　　案例8-3 华为在中东树立品牌，中标NGN网改造项目 / 257

第九章 工业品营销的数字化转型：利用数字化技术形成竞争优势

数字化转型概述：企业运管系统的数字映射 / 263

　　变革管理的内涵和构成 / 264

　　企业数字化的本质与管理变革的关系 / 265

　　案例9-1 西门子的数字转型与工业4.0建设 / 267

工业品企业的数字化转型：数字化转型的整体框架 / 270

　　智能制造的云平台 / 270

　　智能工厂 / 272

数字化项目　/ 273

　　案例9-2　三一重工数字化转型云平台和智能工厂的建设　/ 275

工业品企业的数字化营销：获取数据创造客户价值　/ 278

　　客户关系管理系统　/ 279

　　数据分析与挖掘　/ 280

　　加入产业互联网平台　/ 282

　　案例9-3　罗尔斯-罗伊斯公司服务导向的数字化营销　/ 284

参考文献　/ 287

■ 第一章

时代与产业：基于行业的周期演进

　　工业品产业的演进历程与技术革命呈现强耦合关系。自第一次工业革命开启机械化生产范式以来，历经流程自动化升级，直至当前以智能制造为核心的第四次工业革命，工业品产业始终遵循"技术突破—生产重构—商业创新"的演进逻辑。在当下工业4.0初始阶段，物联网感知层、大数据分析层与人工智能决策层的架构正推动工业品产业、智能化、互联网的深度融合，这种范式的转换，使工业品营销在传统特征的基础上的时代需求不断演进。

第一章
时代与产业：基于行业的周期演进

▪▪▪▪ 工业品概述：向企业客户提供价值

工业品，作为支撑工业生产的核心要素，广泛服务于企业客户的原料供给、生产制造、设备制造和维护等环节。从精密机械部件到高效能源设备，从先进化工材料到智能自动化系统，工业品以其专业性和实用性，为企业客户创造了显著价值。工业品不仅助力下游企业提升竞争力，还推动了工业进步与产业升级。

工业品在国民经济中的地位

工业品是指如企业、政府、学校、医院等各种组织，为生产或维持组织运作需要购买的商品和服务。用于企业加工生产与经营的工业品，其交易通常是在企业与企业之间或企业与其他组织机构之间进行的，而非在企业与消费者之间进行。工业品被企业购买后，会间接生产消费品，处于产业链的上游和中游位置。

工业品是一个涵盖广泛、用途明确、交易对象特定且在经济中占据重要地位的产品类别，具有技术性、经济性和耐用性等特点。许多工业品涉及复杂的技术和专业知识，只有具备一定技术背景和专业知识的人，才能正确使用和维护它。尤其是工业品在设计和生产过程中，需要高度的专业性和精确度。

然而，工业品的成本效益通常是客户关注的重要方面。这种经济性的要求迫使工业品在设计和生产过程中一方面要注重成本控制并降低客户的使用成本，另一方面要提高生产效率。

此外，相对于消费品而言，工业品通常具有更长的使用寿命和更高的耐用性。在工业化国家的经济中，工业品是很重要的构成因素，其份额通常占到经济总量的一半左右。当然，份额的数值会随着这些国家的工业化进程产生一定变化。

消费品的生产需要大量的工业品作为原材料和中间产品。以汽车行业为例，制造一辆汽车需要钢铁、塑料、橡胶、电子元件等工业品，根据发达国家的经验，汽车工业每增值1元，会给上游产业带来0.65元的增值；智能手机制造商的采购成本主要集中在芯片、屏幕、电池、摄像头等关键零部件方面，一般来说，手机终端行业的采购额占其营业收入的55%~65%之间[1]。

中国国民经济统计中的"工业增加值"中的"工业"，主要涵盖三个门类：一是采矿业，包括开采煤炭、石油、天然气及金属非

---

[1] 本书涉及数据、事例部分来自网络，作者结合自身经验判断后取用。其使用的情况截至2024年12月31日。如有更新，请以最新版本为准。

金属矿产；二是制造业，约占工业比重的85%，包括机械设备、电子产品、汽车、化工产品等；三是电力、热力、燃气及水生产和供应业，它们为其他工业提供能源和水。2023年中国国内生产总值达到了126万亿元，其中工业部门贡献达40万亿元，占比接近国内生产总值的1/3。从国际比较的角度来看，根据《中国统计年鉴2024》和世界银行的数据，2023年，我国工业增加值是6.8万亿美元，占世界的比重是24.5%，位居世界第一。从企业数量来看，截至2024年9月，中国规模以上工业企业数量达到505355家，这些企业构成了中国工业体系的基石。

工业品的分类

工业品不是单一的产品，而是一个广泛的范畴。根据生产目的划分，工业品可以分为中间型工业品和最终型工业品。中间型工业品是指以原材料、辅料、零部件、元器件等形式存在，服务于下游工业品企业的产品，最终被应用于生产其他工业品或消费品中，例如阀门、管件、仪表、工具、柴油机、集成电路板、AMD处理器等；最终型工业品主要是服务于工业生产或工程的产品，通常是完整的设备、系统或服务，直接应用于生产之中，例如电焊机、铣床、包装机械、重型机床及成套设备等。

根据参与生产过程的程度和价值大小分类，工业品可以分为材料、部件、资本设备、供应品和服务。其中材料和部件完全参与生产过程，其价值全部转移到最终产品。

材料

材料包括原材料和制造材料，原材料有铁矿石、原油、木材等，通常出售给制造材料的厂商；制造材料通常是经过初步加工的半成品，有钢板、管材、齿轮等。

部件

部件是不需要进一步改造就可以安装进最终产品的部件，可以分为构成部件、OEM（Original Equipment Manufacturer）部件和装配件。OEM部件指的是由原始设备制造商生产的部件，是某一厂商根据另一厂商的要求，为其生产的产品和产品配件；某一公司采购构成部件或OEM部件并把这些部件造成一个组件，再由另一家公司安装进最终产品中，这种组件被称为装配件。

资本设备

资本设备也称为装备，可进行辅助生产，其实体不形成最终产品，其价值通过折旧、摊销的方式部分转移到最终产品中。资本设备包括机床、生产线、起重机、高炉、工业机器人、铲车、压路机等机器设备。资本设备需要区分基本设备和辅助设备，基本设备更加昂贵，它的采购涉及更多组织成员；相对于基本设备而言，辅助设备对生产的重要性稍低、价值较低，如辅助机械、检测设备等。

供应品和服务

供应品和服务，也被称为MRO（Maintenance，维护；Repair，

修理；Operation，操作）产品和服务，它们支持企业实现经营和生产目标，并提供设备维修、保养服务。包括：维护产品或服务，主要指如保安服务、楼房管道服务及制热和空调服务等类型产品；修理产品或服务，主要是指对机器和工具的修理，而不是对设备的修理，例如通用汽车采购的用于维护工厂和机器的相关产品等。供应品和服务不是最终产品的一部分，不形成最终产品，而且价值较低、消耗较快，如润滑油、清洗剂、路由器、便携式锯子等。

产业链的构成和产业的生命周期

产业链的构成

产业链的构成主要涉及上游原材料、中游关键部件和零部件，以及下游终端产品三个主要环节。

上游原材料

上游原材料是产业链的开始端，是制造各种产品的基础，其质量和稳定性直接影响到中下游产品的质量。上游行业往往掌握着某种资源或核心技术，具有较高的进入壁垒。例如，在新能源汽车产业链中，主要采用的上游原材料包括锂、钴、镍等金属矿产和石墨、稀土等材料。锂、钴、镍是电池制造的关键原材料，锂用于制造正极材料，钴用于提高电池性能，镍用于制造高能量密度电池。石墨是电池负极的主要材料，稀土则用于制造电机中的永磁体。

中游关键部件和零部件

中游关键部件和零部件是连接上游和下游的桥梁，负责将上游原材料转化为具有特定功能的、构成最终产品组成部分的产品部件。中游环节涉及多种技术和工艺，需要高度的专业化协作，例如在新能源汽车产业链中，中游环节主要涉及诸如电池、电机和控制器三大关键部件的生产，还包括电路系统、热管理技术等其他零部件的制造。

电池是新能源汽车的核心部件，负责储存和提供能量，电池性能直接影响新能源汽车的续航里程、充电速度和安全性等各个方面。其电池制造商需要不断研发新技术，提高电池的能量密度、安全性和循环寿命；电机是新能源汽车的动力来源，负责将电池中的电能转换为机械能，驱动车辆前进；控制器负责控制电机的转速、扭矩和功率等参数，确保电机能够高效稳定地工作。

下游终端产品

下游终端产品是产业链的最终环节，负责将中游部件组装成最终产品，并通过销售和服务将产品推向市场。下游环节是产业链中实现价值的关键环节，它决定了最终产品的市场竞争力和企业的盈利能力。正如IBM前总裁路易斯·郭士纳所说，坐在生产线最后的人，担负着将产品部件（部分产品）转换成价值的责任。

下游终端产品行业涉及市场营销、品牌建设和售后服务等多个方面，需要高度的市场敏感性和客户导向。在新能源汽车产业链中，下游终端产品主要包括新能源汽车的制造和销售，以及相关的售后服务和充电设施建设，汽车制造产业还衍生出诸如汽车租赁、金融服务和汽车回收等一系列后市场服务行业。

产业的生命周期

每个产业都会经历一个从增长到衰退的发展过程，形成了产业的生命周期。产业生命周期一般分为导入期、扩张期、成熟期、衰退期四个阶段。

产业导入期

在产业导入期，产品未被市场认可，研发成本较高，销售收入相对较低，行业企业数量较少，且面临较大的投资风险和市场风险。

产业扩张期

在产业扩张期，市场需求增加，大量厂商投资产业，产业逐渐扩大规模，厂商之间依靠改进生产技术、降低成本获得各自的竞争优势。

产业成熟期

在产业成熟期，经过充分扩张，产业达到极限，开始进入规模稳定、技术稳定、供需稳定、产品稳定的阶段，厂商之间竞争逐渐从价格手段转向非价格手段。

产业衰退期

在产业衰退期，产业产品的利润率停滞不前或不断下降，当利润率无法维持企业正常运营时，便会有一些企业退出该产业，致使厂商数目减少，市场逐渐萎缩。

进入衰退期的产业，往往会出现新产品或替代品，从而进入一个新的产业周期，这就形成了产业演进。

产业演进的动力是技术突破、产品创新、产业区位变化。技术突破是推动产业演进的关键因素，产业链本身就是一种技术集群的载体，而技术集群中的任何一项核心技术的改进和发展都会成为促进产业发展的动力；产品创新也会推动产业演进，这与市场需求的变化，如消费升级和个性化趋势增强有关，行业技术未发生根本变化，但产品的形态升级和细分程度扩大；产业区位分布会对产业演进造成影响，产业链主体的空间分布越集中，彼此之间的文化差异、运输与通信成本等因素的不利影响就越小，产业链整体运作就越有效率，资源的流动就越有效率，最终就会产生区位优势，促进产业的发展和演化。

案例 1-1 计算机产业的演进

计算机是一种能够按照事先储存的程序进行大量数值计算和各种信息处理的智能电子设备。计算机行业主要包括硬件、软件两大类，计算机硬件的上游原

第一章
时代与产业：基于行业的周期演进

材料为半导体行业中的基础材料，由基础元器件和核心工艺构成，硬件中间产品主要有 CPU、内存、硬盘、GPU、各种 ASIC、NP、FPGA 等芯片类半成品，经过生产厂商设计、制造、组装、加工等一系列工作装配成计算机硬件产品，再通过相关软件、驱动使其实现某种特定功能。

计算机产业的技术更新速度快，发展依赖于先进的技术和知识。产业链中的各个环节总在不断创新和升级，相互促进，例如，处理器性能的提升、存储技术的革新、显示技术的升级等，都推动了计算机产品的性能提升和用户体验的改善。但是，从计算机产业的发展历史来看，上游、中游和下游的创新行为对产业演进的影响程度存在较大区别。

短期演进：终端产品的设计和服务

在短期内，计算机产业的演进主要受到终端产品设计和服务质量的影响。终端产品的设计直接关系到用户的使用体验和满意度，优秀的设计能够提升产品的易用性、美观性和耐用性，从而吸引更多消费者；服务质量也是影响计算机产业短期演进的重要因素，优质的售后服务能够提升用户满意度和忠诚度。例如戴尔科技公司（戴尔电脑，Dell Technologies）采用直销模式，能够直接了解客户需求，提供定制化的解决方案，减少中间商和分销商环节，以及库存积压的风险，从而降低企业运营成本，制定出更具竞争力的价格。他们注重售后服务，建立了范围庞大的全球服务网络，以便更好地为客户提供技术支持、维修和更新等售后服务。显然，这种通过深入了解市场，改进终端产品的设计和服务，可以建立某种促进产业演进的短期优势，但是这种优势不会持续很长时间——戴尔电脑在全球的领先时期主要集中在2001年至2006年。

中期演进：芯片的设计和制造技术

  计算机产业的中期演进更多地依赖于芯片的设计和制造技术。芯片作为计算机的核心部件，其性能和质量直接影响着计算机的整体性能和市场竞争力。采用先进的架构设计、算法优化等手段，可以开发出性能更强、功耗更低的芯片产品。芯片设计技术的创新能够提升芯片的性能、降低功耗和成本。

  芯片制造技术的提升对于计算机产业的发展至关重要。先进的制造工艺能够减小芯片尺寸、提高集成度和可靠性，满足更高性能和更低功耗的需求。虽然技术迭代加快，单款芯片从发布至停产的时间缩短，但是某种创新技术支撑的芯片设计与制造会在较长时期内推动整个产业的演进。例如英伟达近年来在AI芯片领域的发展非常迅速，推动了计算机硬件和软件的创新，使得许多新兴应用成为可能，如自动驾驶、智能安防、医疗诊断和智能家居等，AI芯片正在重塑计算机产业的格局。

长期演进：上游材料领域的技术突破

　　计算机产业的长期演进更多地依赖于上游材料领域的技术突破。材料技术的创新能够推动电脑产业向更高性能、更低功耗和更环保的方向发展。新材料的出现能够解决计算机产业中面临的诸多挑战，如提高芯片的散热性能、降低功耗和成本等，通过研发具有优异电学、热学、力学等性能的新材料，可以推动计算机产业的长期演进。

　　材料制备技术的提升也是推动计算机产业长期演进的重要因素，通过改进制备工艺和技术，可以提高材料的纯度和均匀性，降低生产成本，提高生产效率。例如计算机芯片的双极技术在20世纪50年代到70年代主导计算机产业。在这一时期，双极型晶体管成为计算机中逻辑电路的主要实现方式，被广泛应用于计算机和其他电子设备中，因其高速度和高增益特性而受到应用者的青睐。

　　CMOS（Complementary Metal Oxide Semiconductor，互补金属氧化物半导体）技术在20世纪80年代开始逐渐取代双极技术，并成为90年代至今的主导技术。

随着大规模和超大规模集成电路的发展，CMOS技术以其低功耗、高集成度和成本效益等优势，成为主流的逻辑电路实现方式。不仅用于制造微处理器、存储器等核心部件，还渗透到其他电子设备。

计算机产业的终端产品设计和服务、芯片设计和制造技术，以及上游材料领域技术突破，会导致产业的短期、中期和长期的演进，共同推动着计算机产业不断向前发展。

第一章
时代与产业：基于行业的周期演进

▪▪▪▪ 工业品营销的特点：超越市场的协同

大部分工业品采购属于组织采购。采购决策常会采取团体决策的方式，工业品营销人员需要和客户多个部门进行接触。比较规范的企业考察供应商的维度往往是多个的，决策过程表现出群体理性。在项目型销售中，交易过程需要经过多次沟通和谈判，企业会对客户的需求、提供的产品与服务进行反复琢磨。

工业品营销与消费品营销的区别

单就市场营销而言，工业品营销和消费品营销在客户的需求、价值理解、立足点方面均不相同。消费品营销是为了满足消费者的功能需求或者情感需求，强调的是产品、渠道和品牌的打造；工业品营销是为了满足客户的经营利益诉求，强调的是沟通互动和协同体系。这种客户需求和价值的不同造成了工业品营销和消费品营销本质上的区别：消费品营销是以渠道为核心，以产品、价格和品牌为支撑的营销模式，意在传播价值，通过渠道效率牵动价值实现，通过产品分销效率实现企业自身价值和效益；工业品营销是创造价值，通过客户价值驱动企业运营效率，从而实现价值和效益，是以客户价值为核心，以关系、技术、服务及企业组织为支撑的营销体系。

营销人员的作用不同

在消费品市场，买卖双方往往缺乏密切的私人联系，营销人员的作用相对较弱，消费者更加关注产品的外观、功能和价格。

在工业品营销领域，构建紧密的私人及业务关系至关重要，众多企业倾向于签订长期合约。例如德国巴斯夫股份公司（巴斯夫，BASF SE），与通用汽车公司携手，共同致力于提升汽车的品质、外观与耐用性。巴斯夫营销人员的作用就显得至关重要，不仅要具备专业技术知识，还要具有良好的沟通能力和服务意识。

决策的过程不同

消费品采购决策相对简单和快速。他们通常根据个人或家庭需求进行购买，会关注产品的功能、价格、品牌、外观等因素，其中他们对品牌的认知更多依赖于感性认知。

工业品采购决策过程复杂且漫长。由于工业品交易过程通常涉及专业技术，且数额较大，采购企业在采买时会进行深入的调查和比较，包括技术评估、财务审批、谈判等多个环节。购买决策也往往涉及多个部门和人员，并且会经过多轮评估和比较后做出决定。因此，工业品的销售周期通常较长，注重与客户的沟通。

营销渠道不同

消费品的营销渠道广泛和多样，更加注重渠道的拓展和整合。可以通过各种零售渠道、电商平台、社交媒体等途径进行销售，以覆盖更广泛的消费者群体。

工业品的营销渠道相对单一，主要集中在专业领域内，更加注重专业渠道的建设和维护，通常通过专业市场、展会、行业协会等渠道进行，或者通过直销方式直接面向企业客户。

总之，消费品更注重标准化和通用性，以满足更广泛的消费者需求。工业品往往需要根据客户的具体需求进行定制化生产，这就要求企业具备强大的研发能力和灵活的生产体系。对于工业品而言，良好的售后服务不仅能解决客户在使用过程中遇到的问题，还能提升客户满意度和忠诚度。因此，企业需要建立完善的售后服务体系。相比之下，消费品在售后服务方面的要求就相对较低。

企业采购职能

采购部门的一项关键职能是控制供应成本，然而这并不是采购的唯一贡献，其核心价值体现在数量适配、合适的质量与总成本管理的三维协同机制中。这三个维度共同构成供应链的基础架构，影响着企业的市场竞争力和利润水平。

数量适配

所谓数量适配，取决于采购产品市场价格的波动和库存成本的权衡。浮法玻璃的主要原料——硅砂的价格受能源市场波动影响显著，其生产制造企业通常采用波段采购策略。他们一旦监测到硅砂价格指数低于5年均值的15%，就会启动超额采购机制，单次采购量可达季度需求的120%~150%。该策略需同步计算由此产生的额外库存成本，当折现后的净收益超过常规采购模式的5%时，超额采购才具备经济的合理性。

在供应链协同场景下，准时制生产通过信息流的强化实现库存成本的结构性压缩。丰田汽车公司（丰田，Toyota Motor Corporation）的实证研究表明，JIT（Just In Time，准时制生产方式）模式下供应商与主机厂的数据交换频率提升至每日3次，而常规模式为每周1次，信息维度从订单数量扩展至工艺参数、质量成本等32项指标。这种深度协同使丰田北美工厂的线边库存周转天数从14天降至1.8天，库存持有成本下降89%。

合适的质量

采购质量的定位是合适质量而非绝对质量，既要避免质量低劣，也不追求一般意义上的高质量，而要根据一组细化的质量规格，严格匹配产品技术规格书中的关键参数。低劣的产品质量会给企业带来严重影响,德国汽车工业协会的案例分析显示,某车企因采购未达抗紫外线等级的车漆(标准要求 QUV 加速老化测试 ≥ 2000 小时),导致 23 万辆汽车召回重喷,直接损失高达 4.2 亿欧元,超过该批次采购成本节约额的 37 倍。但是在很多领域,更高的产品质量意味着更高的成本,在某些情况下,更高的质量不等同于客户认同的更好的质量,因为终端客户不愿意支付更高的价格。采购部门需将客户的感知价值精确转化为可测量的工程特性,避免过度质量投入引发的边际效益递减。

总成本管理

控制供应成本可以有效地影响公司的盈利率。一般公司会将营业收入的一半以上用于支付采购零件和服务的费用,当企业采购支出占比达到 50%、净利润率达到 10% 时,那就意味着降低 1% 的采购成本可直接提升净利润的 5%。但是总成本管理需突破价格局限,纳入所有权总成本框架,而所有权总成本包含了隐性成本,如质量缺陷导致的停产损失、技术过时的沉没成本等。

价值工程作为所有权总成本的优化工具,在卡特彼勒公司(卡特彼勒,Caterpillar Inc.)的实践中展现出显著成效。卡特彼勒通过重新定义液压阀块的 17 项功能需求,在保持性能的前提下将零件数量从 58 个减至 42 个,实现单件成本下降 22% 的同时,使装配工时缩短 35%。该案例证明,采购端的早期介入可使产品开发周期压缩 18%,工程变更成本降低 64%。

组织采购行为

工业品采购是组织采购，其决策机制具象化于个体行为层面。组织作为制度载体，其采购职能的履行本质上是通过决策代理链实现的，从需求识别到合同签订的全流程中，每个环节均由具体决策者（个人或委员会）基于组织授权完成权力行使。因此，研究组织采购行为需聚焦制度框架下个体决策者的行为模式，探究其如何在组织目标约束与个人利益驱动间达成动态平衡。

环境、市场、组织和个体因素都会对采购行为产生影响。

环境因素

环境因素包括经济、科技、政治和社会等方面的因素，例如当GDP（Gross Domestic Product，国民生产总值）增速低于3%时，企业资本性采购缩减率达27%，数字印刷技术普及使传统印刷机采购量下降63%；欧盟规范化学品上市的REACH（Registration，Evaluation，Authorization and Restriction of Chemicals，是指化学品的注册、评估、许可和限制）法规导致化工原材料采购成本上升18%。

市场因素

市场因素包括竞争者的数目和相对规模、特定市场的客户数量和相对规模、供需关系变动速度。在高度竞争的市场上，采购者被很多供应商吸引,很难建立与供应商之间的合作关系,在 CR4[①] 大于 75% 的寡头市场,采购谈判溢价率高达 22%。供需关系变动速度对价格波动产生直接影响,例如 DRAM（Dynamic Random Access Memory,动态随机存取存储器）芯片采购价格季度波动幅度达到了 40%。

组织因素

组织因素包括公司规模、盈利性、公司文化、分销力量、组织政策及其他因素,员工超万人的企业采购审批链平均涉及 5.2 个层级,小型公司采购不太可能设有审计委员会。

个体因素

个体因素指影响个人采购行为的人文或心理因素,包括年龄、教育、采购者的职位或在组织中的地位,心理因素也包括承担风险的倾向等。技术出身的决策者更倾向性能导向,风险规避型采购经理溢价接受阈值比激进型低 13%。组织采购者不是永远都寻求组织利益的最大化,有时候他们会寻求自身利益的最大化,高权力距离文化[②]中采购寻租行为[③]发生率高达 25%。

---

① CR,Concentration Ratio,行业集中度,又称行业集中率,是指某行业的相关市场内前 N 家最大的企业所占市场份额的总和,是对整个行业的市场结构集中程度的测量指标,是市场势力的重要量化标准。CR4 就是指行业前四名份额集中度指标。

② 高权力距离文化,是指在一个社会中人们普遍接受和认可权力在社会或组织中不平等分配的文化现象。

③ 采购寻租行为,是指通过权钱交易获取某种利益。

参与采购过程的一组人形成采购中心，采购中心的每人承担不同的角色，他们分别是采购发起者、影响者、决策制定者、采购代表、守门者、控制者或者这些角色的任意组合。采购决策单元由制度化的角色系统构成，各角色权力边界可通过米切尔评分法[①]量化。发起者通过确认需求开始整个采购过程，权力指数为0.35，如生产总监提出智能生产线升级需求；影响者通过建议卖方人选和最能满足组织需求的产品来影响最终决策，权力指数为0.81，如首席工程师否决非ISO（国际标准化组织）认证的轴承；最后决策的制定者可以是个人，也可以由多名决策者通过投票得出最后决策，权力指数为1.00，如CEO（首席执行官）批准EPC（设计采购、施工一体化）项目采购；采购代表是实际负责采购工作的人，权力指数为0.48，如果决策制定者派下属去采购一盒复印纸，那么下属就是这次采购中的采购代表；守门者控制信息在采购小组和组织成员之间的传递，守门者决定决策者获得的信息和知识，从而对决策产生影响，权力指数为0.67，如设备采购中工程师是与卖方接洽的主要人员，工程师控制了专业信息，可以决定将什么信息传递给决策过程中的其他人；控制者为设计采购预算框架与执行监控的人，权力指数为0.92，如CFO（首席财务官）冻结超预算15%的设备采购申请。

每个角色的采购参与者在决定采购任务时都要经历一系列阶段，一方面判断是采取公司导向还是自我导向，以及这两种导向在一次采购中的重要程度。个人努力工作以获得个人利益的程度称为

---

① 米切尔评分法，是指一种用于评估和界定利益相关者的属性和影响力的方法。

自我导向，如采购者认为采购是展示个人技能的好机会。个人努力工作使公司获益的程度则称为公司导向。在一次采购中可能出现高自我导向和高公司导向并存的情况，在需求确认期82%决策者呈现强公司导向（组织导向），供应商评估期个人导向（个人效用导向）值升至0.57，合同执行期双导向则趋于均衡。另一方面判断是采取防御型战略还是进攻型战略。进攻型战略是用来做收益最大化的，适用于战略型采购，聚焦于供应链主导权争夺；防御型战略是用来做损失最小化的，适用于杠杆型采购，强调成本优化与风险缓释。

案例 1-2　华为 ToB[①] 业务的铁三角组织与 LTC 流程[②]

华为在 2023 年实现了全球销售收入 7042 亿元人民币，同比增长 9.6%，净利润 870 亿元人民币，同比增长 144.3%，创下了过去五年的新高，这充分展示了华为在全球市场上竞争力持续增强的态势。这一成绩的取得，离不开华为庞大的营销团队。

华为的营销团队是由一群具备专业知识和技能的专家组成的。他们在入职前经过了严格的筛选和培训，尽管他们来自不同的背景和专业领域，但是都在各自的领域内拥有深厚的背景和丰富的经验。他们的任职

[①] ToB，即 Business-to-Business，面向企业客户的业务。
[②] LTC 流程，即 Leads to Cash，是一个综合性的销售过程。

要求涵盖了教育背景、专业技能、工作经验、能力素质及其他多个方面，以确保他们能够胜任职责并推动业务的持续发展。

华为铁三角销售法表面是一种销售战术，其本质是华为一直提倡的流程型组织在客户端的具体实现模式。铁三角由客户经理、方案经理和交付经理三个角色组成，他们共同构筑成一个攻坚团队，通过密切的配合和迅速的响应机制，为客户提供全面的解决方案。

客户经理主要负责客户关系、业务需求挖掘、商务谈判，以及合同与回款工作，要与客户保持密切的接触。客户经理的职责不是卖产品，而是客户方的代表，理解客户业务需求，并站在客户角度向公司提出要求。方案经理专注于产品需求管理、方案设计、报价与投标和技术问题的解决，为客户提供有竞争力的个性化解决方案，避免公司在竞争中简单地比拼价格，如华为家用路由器的产品解决方案不是单纯考虑发射功率，而是跳出原有研发思路，设计出分布式路由器等产品，摆脱了芯片厂家对产品方案的控制。方案经理是产品格局的构造者、品牌的传播者和盈利的守护者。交付经理则负责从订单到交付验收的全过程项目管理，确保项目按时、按质、按量完成。

华为的铁三角组织模式包含两个层面：项目团队层面的铁三角和客户系统部层面的铁三角。项目团队

第一章
时代与产业：基于行业的周期演进

层面的铁三角高度灵活，是企业面向客户最前沿的一线组织单元，负责具体项目的执行和交付；客户系统部层面的铁三角则相对长期固定，是项目团队层面铁三角各个角色的重要来源和业务能力建设平台。

铁三角是华为销售一线的最小作战单元，他们的运作依赖于 LTC 流程的支持。LTC 流程打通了从发现销售线索到完成交付与回款的全过程，为销售业务的推进提供了高效的支撑。铁三角团队成员各自带动中台和后台的资源来为客户服务，从而确保项目能够顺利完成。如果把 LTC 流程比作一条高速公路，那么与线索、项目、合同、订单、产品和服务相关的信息、数据和规则就是奔驰在这条高速公路上的车辆，而铁三角团队中的每一个角色就是不同车辆的司机。只有遵守交通规则，他们才能顺利完成整个运输过程。

销售团队之间的竞争，绝不仅仅是产品之间的竞争，更多的是方案之间的竞争，谁的方案更能帮助客户解决问题，谁就拥有最终胜出的资本。要制定差异化解决方案，关键在于准确识别客户痛点。华为常采用全球著名销售大师尼尔·雷克汉姆（Neil Rackham）的 SPIN[①] 销售法来实现这一目标。该法分为四部分，背景问题挖掘客户现状与挑战，揭示客户不满与痛点；困

---

① SPIN 是 Situation Question（背景问题）、Problem Question（困难问题）、Implication Question（暗示问题）和 Need-Payoff Question（需求效益问题）的缩写。

难问题揭示客户未察觉或忽视的问题，如市场战略、盈利痛点、抗风险能力等；暗示问题强调不及时解决问题的严重后果，促使客户认识到改变的紧迫性；需求效益问题则讨论解决方案的价值，引导客户参与讨论并认同其益处。SPIN销售法的核心在于通过一系列提问启发目标客户的潜在需求，使其认识到购买此产品为他带来的价值。这种销售方法能够帮助销售人员较为准确地找到客户的痛点，从而让解决方案有的放矢。

第一章
时代与产业：基于行业的周期演进

▪▪▪▪▪ 工业品营销的时代发展：
数字化技术对工业品营销的升级

数字化技术的应用，使工业品营销进入了一个数据驱动、智能化的新时代，通过大数据分析、人工智能和物联网，企业能够更精准地了解客户需求，优化供应链管理，并实现个性化营销。数字化技术正推动工业品营销向智能化、精准化、高效化的方向迈进。

消费互联网至工业互联网

技术的革新深刻影响社会发展，互联网技术革命作为21世纪最显著的技术革命，重塑了商业与社会的运行逻辑。消费互联网与工业互联网的划分，既展现了互联网技术演进路径，也反映了社会经济结构变化趋势。

消费互联网自 20 世纪末兴起,便面向个人消费者,其便捷的信息获取、在线购物和社交服务,极大改变了人们的生活方式。在电子商务领域,亚马逊公司(亚马逊,Amazon.com, Inc)、阿里巴巴集团有限公司(阿里巴巴)等巨头利用庞大的商品数据库、搜索引擎和推荐算法,实现全球商品浏览、一键下单和快速配送,为消费者提供了前所未有的购物体验。此外,社交媒体、在线娱乐和在线教育等领域也迎来巨大增长,微博、TikTok 等社交平台促进了全球之间的交流互动,腾讯视频等媒体平台满足了人们的娱乐需求,在线学习平台 Coursera、网易云课堂等在线教育平台使人们能更便捷地获取优质教育资源。

然而,随着技术成熟和市场饱和,消费互联网增长空间受限。此时,工业互联网应运而生,成为推动新一轮产业革命的重要力量。工业互联网以企业为服务对象,将产供销管等环节数据化,通过互联网技术连接并优化各环节,实现设备、生产线和供应链的智能化、数字化、网络化,提高生产效率,降低运营成本,促进了产业结构的优化升级。工业互联网是互联网技术与传统工业深度融合的产物,注重产业链上下游之间的协同。

工业互联网的兴起源于技术进步、市场需求和政策推动。在技术进步方面,主要基于物联网、大数据、人工智能等技术为工业互联网提供强大数据处理和分析能力,实现实时监控、预测维护和智能调度等方面的功能。在市场需求方面,全球竞争加剧和消费者需求多样化促使企业需要更灵活、高效的生产方式,工业互联网通过数字化、智能化手段帮助企业优化生产过程和资源配置。在政策推动方面，各国政府出台相关政策鼓励工业互联网发展。

在工业互联网推动下，智能制造、智慧物流、远程运维等新兴业态不断涌现。智能制造引入物联网、大数据、人工智能等技术，实现了生产过程自动化、智能化和柔性化，提高了生产效率和产品质量。智慧物流利用物联网、云计算等技术实现货物实时监控、智能调度和高效配送，在降低物流成本的同时，提升了物流效率。远程运维则通过远程监控和数据分析及时发现并解决设备故障，在降低维护成本的同时，提高了设备利用率。

工业互联网由网络、平台和安全三部分构成。其对网络性能的要求远高于消费互联网，对时延敏感性、安全性、可靠性等方面的要求则更为严格。此外，工业互联网终端多样且碎片化，网络流程复杂，需与生产过程紧密关联，个性化明显，建设难度和门槛均远高于消费互联网。

工业互联网推进面临技术标准统一、数据安全保障、人才培养跟进等方面的挑战。消费互联网作为上半场主角，连接个人用户生活圈，改变人们的消费习惯和生活方式，奠定了互联网产业基础。工业互联网作为下半场主角，连接企业生产流程，推动工业数字化、网络化和智能化发展，引领传统工业向智能化、数字化转型，开启全新产业革命时代。随着5G、物联网、云计算、大数据、区块链和人工智能等技术不断成熟，工业互联网将在全球范围内重构工业体系，激发生产力，让世界的工业发展更快速、更安全且更经济。

纵向分工至产业生态

随着信息技术的发展,产业分工经历着从纵向分工向产业生态演化的转变,这会重塑企业之间的竞争格局和合作模式,影响产业链的构成、价值分布与运作机制。

产业纵向分工又称垂直分工,是新古典经济学的概念,强调的是产业链上下游企业间基于产品生产流程的专业化分割与协作,从原材料采集、产品制造到销售和服务,各环节紧密相连,形成一种线性的、相对封闭的生产体系,这种分工模式使企业专注于自身核心业务,实现规模经济和提高生产效率,例如汽车制造业集中度CR5(市场前五名份额集中度指标)达到68%时,单件成本下降23%。纵向分工涉及两个单一产出的生产过程,其中一个过程的全部或部分产出作为另一个过程的中间投入品。美国经济学家乔治·斯蒂格勒(George Joseph Stigler)的生命周期理论指出,纵向分工在成熟产业尤为显著,这些产业对新产品需求的增加会推动中间产品市场的扩张,进而可能导致纵向分解;在新兴产业,因为对中间产品的需求不足以支撑独立供应商的生存,纵向分工并不明显,当产业进入衰退期,产品需求减少可能引发新的纵向一体化趋势,以降低成本提高效率。

随着全球竞争加剧、技术创新加速及消费者需求的多元化,单一维度纵向分工的局限性逐渐显现,它已难以响应市场变化,无法通过多个层级传递市场需求变化,从而导致牛鞭效应[①]。并且,信息

[①] 牛鞭效应(Bullwhip Effect)是供应链中需求信息逐级放大导致的波动现象,表现为终端需求的微小变化会引发上游供应商的剧烈波动。

第一章
时代与产业：基于行业的周期演进

失真加剧了风险，抑制了创新活力，从而形成产业壁垒，阻碍了资源优化配置。由于产业生态超越了传统的上下游界限，构建了一个多维度、多层次、高度协同的产业网络，因此在这个生态系统中，单一的组织机构不再是孤立的个体，而成为生态系统中的一部分，企业、科研机构、政府机构及消费者等构成了一个完整的供需网络。这就意味着企业之间不再是零和博弈，而是基于共同价值的共创与分享，从而让企业间的合作超越了简单的上下游关系，形成多维度的互动网络。例如，在智能制造领域，企业不仅要与供应商和客户保持紧密合作，还要与科研机构、高校、金融机构等形成产学研用深度融合的创新体系。中小企业可以通过与大企业、科研机构合作，获得技术支持、品牌建设等方面的帮助，实现快速成长。

一旦技术迭代周期缩短至2~3年、需求碎片化率达到74%，垂直分工的刚性结构就再难以适应产业变化。产业生态化的核心在于打破传统纵向一体化的封闭体系，构建开放、协同、动态调整的产业生态系统，并通过跨界融合、协同创新、平台共享等方式，实现产业链上下游及跨行业的深度融合与共生共赢。

产业生态特征一般表现在以下三个方面。

不同产业间的界限日益模糊

产业链条的延伸与交叉，使不同产业间的界限日益模糊，形成了跨界融合的新业态，例如某电动汽车企业通过构建自己的能源生态系统，将电动汽车、太阳能发电、储能系统等业务板块紧密联系在一起。在这个生态系统中，该企业不仅为用户提供了电动汽车产品，还通过太阳能发电和储能系统，为用户提供清洁、可持续的能源解决方案。该企业构建的能源生态储能系统与光伏协同，使家庭能源自给率得到提升。

创新模式的转变

产业创新模式开始从单一企业的封闭式创新，向基于生态系统的开放式创新转变，例如随着市场环境变化和竞争加剧，苹果股份有限公司（苹果公司，Apple Inc.）意识到仅仅依靠内部创新无法满足市场的多样化需求，于是积极寻求外部合作，与多家芯片制造商、软件开发商等建立紧密的合作关系，共同开发智能手机、平板电脑等产品。这一举措，让苹果公司供应链上的200大核心供应商地理分散度指数达到0.87，抗风险能力提升了4.3倍。

中小企业与大企业形成互补共赢的关系

行业结构的重塑，使中小企业可以通过平台化、网络化等方式，与大企业形成互补共赢的关系，共同推动产业发展。例如苹果公司通过构建iOS生态系统，不仅提供iPhone、iPad等硬件设备，还开发了App Store、iCloud等服务，吸引了大量开发者和用户的加入。同时，苹果公司与全球各地的供应商和合作伙伴建立紧密的合作关系，实现了供应链的优化和资源的合理配置。在工业软件领域，Autodesk Forge（一款结合设计、制造和使用的云服务平台）平台聚集23万开发者，使新功能上线周期从18个月缩短至3个月。

当前，产业生态演化已成为全球产业发展的主流趋势。一方面，随着大数据、云计算、人工智能等技术的广泛应用，企业间的信息壁垒被打破，数据共享与协同创新成为可能。根据 GE Predix（通用电气公司开发的工业互联网平台）数据，工业互联网平台使跨组织协同成本下降 54%。另一方面，消费者对个性化、定制化产品的需求日益增长，促使企业更加注重用户体验与场景创新，从而推动了产业间的跨界融合与协同创新。根据麦肯锡报告，个性化定制产品占比从 2015 年的 12% 升至 2023 年的 39%。

中国工业品企业的数字化营销

工业品企业数字化营销是指通过数字技术整合全渠道触点，实现需求洞察、客户开发、品牌传播及销售增长等目标。其核心是，构建数据采集、分析、决策、优化的闭环体系，依托大数据、机器学习与知识图谱技术，提高需求预测准确程度，优化品牌推广路径，增强营销效能。数字化升级的战略目标是，通过 SCM（Supply Chain Management，供应链管理）系统优化商流、物流、信息流的三流协同，实现资源全球共享与协同，提供个性化产品与服务，提升采购效率与用户体验。

中国工业品营销数字化升级体现在两方面：一是工业品垂直电商平台的崛起，比如震坤行工业超市（上海）有限公司（震坤行）、京东工业股份有限公司（京东工业）等平台集成 SRM（Supplier Relationship Management，供应商关系管理）与 EDI（Electronic

Data Interchange，电子数据交换），使供需匹配效率提升53%，2023年工业品B2B（Business-to-Business）电商交易规模超1.2万亿元。二是工业企业数字化转型对营销职能的重塑。工业电商平台不仅便捷高效地连接买卖双方，还通过大数据、云计算促进供应链上下游企业的紧密合作与信息互通。这些平台集展示、交易、物流、售后于一体，显著降低了交易成本，提升了市场效率。

此外，随着数字化深入与传统行业竞争加剧，企业纷纷通过数字化转型构建新竞争力。研发、生产、管理的数字化促使工业品营销转向数据驱动，实现精准把握市场需求与消费者行为，推动个性化营销与精准推广。三一重工股份有限公司（三一重工）通过CDP（Customer Data Platform，客户数据平台）构建了包含428个标签的客户画像体系，使交叉销售成功率提升41%。同时，数字化转型加强了营销部门与其他部门的协同，共同驱动着企业创新。

尽管面临经济下行的压力，但是中国工业品营销数字化升级步伐未止。《2024中国工业品电商采购白皮书》显示，工业品线上采购渗透率7.9%，预计2025年突破12%。MRO产品线上渗透率高于BOM（Bill of Materials，物料清单）产品，数字化正逐步改变工业品传统采购模式，线上平台在供应链中的作用日益重要。北京国联视讯信息技术股份有限公司（国联股份）作为专注于工业品电商的典型企业，通过构建线上交易平台，提供一站式采购服务，使企业业绩持续增长。它们积极拓展海外市场，提升了企业竞争力。震坤行专注于MRO工业品采购服务，于2023年成功在美股上市。它们通过数字化优化采购流程，降低了成本，扩大了融资渠道与品牌

第一章
时代与产业：基于行业的周期演进

影响力，从而顺利布局海外市场。

三一重工以决绝态度推进数字化转型，实现研发、采购、制造、营销服务、管理的全面数字化，通过数字化营销平台，利用大数据与 AI 技术，精准分析客户需求，提供个性化产品与服务，提升了交易效率与客户体验。它们还通过社交媒体增强品牌影响力，降低了企业运营成本，提高了产品质量与竞争力。三一重工采用的全价值链数字化，包括 PLM+CRM+ERP[①]，使整体设备效率提升至 89%，营销成本下降 24%。

南京钢铁集团有限公司通过工业互联网平台与数据治理双轮驱动，全面推进数字化转型与智能化改造，并在营销方面，实现全过程数字化管理。快速响应客户需求，提供个性化解决方案，通过电子商务平台提升交易效率与客户满意度。同时，注重数据治理与隐私保护，使订单交付周期缩短 37%，客户复购率提升至 68%。数字化转型不仅提升了南京钢铁集团有限公司的销售业绩与品牌影响力，还降低了运营成本，提高了产品质量与竞争力。

中国工业品营销数字化升级持续增长，得益于技术创新、市场拓展与数据驱动。随着技术进步与政策支持，中国工业品企业营销数字化将持续升级，推动各个行业高质量发展。未来区块链技术将推动智能合约的应用，提高企业合同执行效率，时序模型预测则会提高预测性营销的准确程度，跨境数字化会使工业品电商得到增长。

---

① PLM 是 Product Lifecycle Management 的缩写，指产品生命周期管理；CRM，是 Customer Relationship Management 的缩写，指客户关系管理；ERP 是 Enterprise Resource Planning 的缩写，指企业资源计划。

案例 1-3　国联股份 B2F 反向采购模式

国联股份是工业品电商平台的佼佼者，被誉为A股产业互联网第一股。它通过B2F（Business To Family，企业对家庭）反向采购模式，汇聚众多小B客户（Small Business，订单量小的客户）的订单，再统一向上游厂家进行采购。自2019年上市以来，国联股份的收入和净利润实现了连续增长，市值也从数十亿元跃升至最高600亿元人民币。

自1998年创立至2013年，国联股份的主营业务是工业产业传媒和信息服务平台，只是针对多个工业领域做黄页、年鉴、产品选型手册业务。2006年，国联股份构建的B2B信息服务平台——国联资源网投入使用，开始为冶金、煤炭、电力、机械、医药、化工等100余个工业行业的企业提供商业信息服务。现在，该平台已拥有数量庞大的注册会员（将近300万名会员）、黄页数据库和招投标信息资源，每年有一万多名付费客户。

2014年，国联股份着手规划2.0转型，并创立了涂多多平台，致力于工业电子商务服务。这一转型标志着公司从依赖会员费和广告费向深度交易服务的转变，成功地将国联资源网积累的会员资源转化为涂多多电商的注册会员和交易客户，实现了客户资源的有效转化，开创了流量变现的新路径。自2015年起，国联股份电商业务步入持续高速增长的快车道。至2023年，公司的营业收入已从7900万元飙升至507亿元。

如今，国联股份运营着多个B2B垂直电商平台，如涂多多、卫多多、玻多多、纸多多、肥多多、粮油多多、芯多多、医械多多等，这些平台广泛覆盖涂料化工、卫生用品、玻璃、造纸、化肥、粮油、芯片、医疗等多个产业领域，为上下游企业提供全面的网上商品交易服务，涵盖了自主电商、第三方电商及SaaS（Software as a Service，软件即服务）服务等多种业务模式。

国联电商平台通过归集下游小企业的订单，实施规模化采购，与上游供应商进行议价，从而帮助中小型企业有效降低采购成本，实现了集采模式下的客户价值最大化。

国联股份旗下的所有"多多"平台均经过严格的行业评估，确定其是否适合采用集采模式。第一，上游行业需相对集中且充分竞争。在行业初步进入市场时，相对集中的上游可以用最少的资源来实现覆盖。然而，在垄断市场中，集采难以发挥议价优势，只有在充分竞争的市场中，才能与上游供应商形成有效的议价能力。第二，以渠道销售为主，且中间环节众多。隔离原有渠道模式中攫取了较大利润空间的一、二、三级经销商，平台将获取更为丰厚的毛利空间。第三，下游市场高度分散。只有当众多小客户形成规模订单时，集采才能发挥最大的效益。第四，短期内价格波动不宜过于剧烈。由于确认货物和订单之间存在时间差，如果在此期间价格波动超过客户交纳定金的比例，将可能引发违约风险。

国联股份垂直电商经历了从活动式集采向流水式集采的演进，进一步提升了商业模式的效率。工业品原材料的采购通常具有刚性、周期性和理性的特点，这在一定程度上限制了客户的拓展，致使传统的活动式集采难以与用户的采购周期契合。相比之下，流水式集采以年或月为单位，客户与上游供应商确定一个最低订单量，在某时间段内可根据实际需求随采随发，无须受限于特定的团购活动，国联股份只需确保在这个时间段内达到基础订单量，便可将活动集采协议转化为一个长期协议。

国联股份还拥有数字技术平台——国联云，该平台定位于产业和企业数字技术服务平台，提供包括数字工厂、PTDCloud工业互联网、数字供应链、远程办公、企业VR（虚拟现实技术）、云市场等数字技术服务体系。国联股份积极推进"三年百家云工厂"战略，通过实施上游云工厂和深度供应链策略，加强上游壁垒和生态圈建设。

■ 第二章

问题与对策：
工业品企业营销实况、问题与原因分析

企业经营的任何一个领域，包括战略、研发、生产、组织等，其内核规律都是极其有限的，实践中遭遇困境的根本原因就是不得要领，只要找到特定的知识和方法，在任何领域都可以畅行无阻。在工业品营销中，化繁为简、化虚为实的途径就是分析实际情况、发现主要问题、寻找问题原因、建立应对架构。

▪▪▪▪ 国内工业品企业案例：
经营问题及营销体系

在工业品营销领域，实现业绩的突破和提升是一项系统工程，任何单一的行动或改变都难以从根本上实现其业绩的提升。当一系列的问题摆在企业管理者面前时，这些问题的答案只能到问题的上一个层级寻找，即站在系统化的经营角度审视工业品营销。

案例 2-1 钢铁材料公司 A 突破量利两难困境

作为深耕钢铁材料制造领域 16 年的企业，A 公司已形成冷硬板、酸洗板等中游产品的成熟业务体系，2021 年战略布局涂镀生产线，标志着其向下游高端产品领域延伸。彩涂板、镀铝锌板等高端产品线自投产以来，销售额从2022年的1亿元、2023年的10亿元攀升至2024年的20亿元，呈现阶梯式增长态势。A公司通过海外市场及线上渠道快速铺量，同时着力攻坚高附加值线下市场。但运营数据显示，海外渠道虽贡献30%销量增长，却因价格战导致溢价空间压缩至成本线；线下高端市场遭遇宝山钢铁股份有限公司（宝钢）、博思格钢铁集团（博思格）等行业龙头的体系化壁垒，其通过技术标准控制、客户关系沉淀、供应链绑定构建护城河。规模扩张伴随利润率持续承压，形成"增量不增利、保利难增量"的困境，折射出战略转型期的系统适配矛盾。

A公司业务转型面临产业链定位转换的挑战，传统冷硬板业务依托区域产能优势和县域客户网络，形成规模经济主导的运营模式。新布局的涂镀产品需构建场景化解决方案，包括材料性能定制、应用技术支持、全周期服务响应等维度。这种从产品向解决方案的转变，倒逼其技术储备、服务体系和客户管理能力的全面升级。

A公司的营销体系中存在三大核心矛盾：第一是市场定位模糊，高端市场存在强竞争壁垒，中低端市场面临利润天花板，突破口的选择需依托企业战略的支撑；第二是客户画像离散化，目标客户群体在金属围护、钢结构工程、新兴行业客户间摇摆不定，尚未

第二章
问题与对策：工业品企业营销实况、问题与原因分析

形成精准的客户分层管理体系；第三是模式创新滞后，传统分销体系与高端市场的顾问式销售需求不匹配，直销团队建设周期与市场窗口期存在时滞效应。这些矛盾叠加导致A公司营销资源配置效率低下，形成"撒网式"拓展与"重点突破"之间的摇摆。

针对上述困境，A公司认识到营销体系必须从战略、模式、策略、运营等方面进行全面升级。战略升级要重新审视行业格局，明确"大存量、中缩量、小增量"的结构特征，通过行业景气度指数、客户集中度、技术匹配度三维评估体系，锁定具有潜力的目标行业与客户群，如新能源汽车、光伏、医疗等行业及其中的大客户，实现战略资源的精准配置。

模式升级要求A公司必须通过深入挖掘高端客户的动态需求，成为反应最快、最懂客户的供应商，逐步实现从单一的产品营销转向解决方案营销。为此，A公司与多家关键性头部金属围护企业、钢构公司签订了战略合作协议。在策略升级方面，A公司致力于萃取典型项目的成功经验，分析总结成功与失败的原因，提炼方法论、工具与操作指南，将销售冠军的经验系统化、普及化，以提升营销团队的整体战斗力。在运营层面，A公司通过月度经营分析机制，对比反思每月经营差距，确保全体管理人员对市场动态、客户需求与竞争态势有清晰认识，逐步构建起"产、研、销"

与"人、财、物"高效协同的一体化快速响应体系。

当前钢铁行业正处于深度转型期，A公司要破解量利倒挂的发展困局，关键在于找到并深耕自身的产业生态位，平衡好增量与利润的关系，实现规模扩张与价值创造的动态平衡。只有通过战略、模式、策略、运营的全面升级，才能逐步构建起适应新市场环境的竞争力。

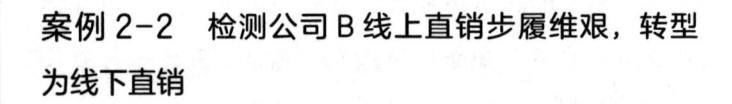

案例2-2　检测公司B线上直销步履维艰，转型为线下直销

B公司成立于2008年，专注于电力、核辐射检测及轨道交通领域的进口仪器代理经销业务。通过十余年发展，B公司已取得电子测量仪器领域20余个国际顶尖品牌在华独家代理权，并逐步构建自主产品研发体系，形成"代理＋自主"双轮驱动的发展格局，拥有在专业仪器仪表行业的显著竞争优势。从经营数据来看，2019—2023年间企业营业收入实现0.8亿至1.7亿元的阶梯式增长，年均复合增长率达20.6%。但是需注意的是，2023年同比增速已回落至9.7%，较2021年峰值时期的58.3%明显放缓。这反映出B公司在突破2亿元营业收入门槛时遭遇系统性挑战，营销体系

第二章
问题与对策：工业品企业营销实况、问题与原因分析

重构与财务管理优化更是亟待突破。

营销体系的转型成为制约 B 公司发展的关键因素之一。作为典型的工业品企业，B 公司早年依托线上分销体系快速扩张，凭借敏捷的市场响应机制、轻资产运营模式及年轻化的团队，在细分领域占据先发优势。但是随着产品矩阵扩展至高端检测设备领域，B 公司原有线上的分销模式在客户需求挖掘、技术方案定制及售后服务保障等方面的局限性日益凸显，传统线上渠道难以与核电、轨道交通等领域的集团客户建立深度信任关系，迫使企业向线下直销体系转型。

在数字化深入发展的背景下，B 公司创新性构建"准分销"混合营销模式。该体系通过组建复合型营销团队（资深技术顾问 30%、行业经理 40%、线上支持 30%），实现线上精准获客与线下深度服务的有机衔接。线上团队依托大数据分析工具完成客户画像构建及需求预判，线下团队则通过技术交流会、设备实测演示等深度互动建立客户黏性。这种"前端数字化触达 + 后端专业化服务"的运营架构，缩短了客户转化周期，使大客户复购率提升至 78%。

这一模式的成功实施，不仅突破了 B 公司业务发展的阶段性瓶颈，还实现了业绩增长与盈利能力的同步提升。2024 年 B 公司营业收入已攀升至 2.3 亿元，客户满意度亦持续攀升，更关键的是 B 公司构建起包

含3000+企业级客户的资源池，为后续高附加值服务延伸奠定了基础。

B公司在2024年取得的业绩增长与团队成长，充分证明了工业品企业在产品具有一定优势但面临市场逆境时，必须构建起完善且高效的营销体系。营销体系重构必须与产品生命周期、客户结构升级形成协同，当企业进入亿元级规模后，需要构建"技术营销＋服务营销"的双重能力，一方面通过专业技术团队提升方案解决能力，另一方面构建全周期服务体系增强客户黏性。这种转型不仅需要组织架构调整，更需配套建设数字化营销中台、完善客户关系管理系统，只有卓越的营销体系，才能为战略目标与财务业绩的统一建立桥梁。

案例2-3　照明公司C开拓新业务和海外市场亟须破局

C公司是一家专注于户外照明领域的企业，2019—2021年借助基建投资浪潮实现营业收入三级跳，从1.5亿元攀升至5.5亿元峰值。然而，宏观经济下行及行业周期调整致使其2022—2024年营业收入连续下滑至2亿元，核心业务萎缩幅度高达63.6%。C公司尝试开拓智能家居照明和海外市场作为第二、第三增长曲线，但未达预期。这是因为 C 公司智能家居领域面临 B 端向 C 端转型的基因壁垒，产品迭代速度滞后行业平均水平 20%，导致其两年累计投入 1600 万元却仅实现 480 万元产出。在海外市场方面，C 公司以 OEM 模式承接美洲订单，致使其海外市场年营业收入规模连续三年停滞在 2000 万元，暴露出代工模式的增长瓶颈。当前，C 公司面临传统市场失守、新兴业务受阻、海外拓展停滞的三重困境。

流动性危机加剧了 C 公司转型难度，经营性现金流从 6800 万元恶化至负 1200 万元。传统业务维护费用削减导致客户流失率升至 22%，错失市政路灯改造等亿元级项目，智能家居研发投入强度从 12% 压缩至 5%，产品竞争力持续弱化，海外渠道建设因 3000 万元资金缺口搁置。企业陷入"保现金流"与"谋转型"的战略两难，需构建资源靶向配置机制。

首先，C 公司需深耕存量市场作为发展基石。一是要拓宽视野，从产业链全局出发思考问题，向上下游延伸探索，发掘新商机。二是要敏捷应变，随着客户群体从工程承包方转向项目甲方或业主。C 公司需直接对接终端客户，迅速响应并满足其多元、个性化需求及特殊服务要求。三是要稳固销量。C 公司曾秉持"价低不做"原则，但销量下滑削弱了其市场影响力，生产成本失控。为保持市场敏感度和影响力，C

公司应在确保不亏本的基础上灵活调整策略。

其次，新业务市场的选择对于C公司的未来发展至关重要。新业务的本质是创业管理，新业务投资的成功与否关键在于操盘手的能力。C公司已经建立新业务动态评估机制，设立技术成熟度、渠道匹配度、现金流回报率三维评估指标，对智能家居业务实施季度考核。例如以经营数据触发收缩机制是及时止损的最佳选择。

最后，海外市场的拓展是C公司寻求新增长点的重要途径。制定"探路—扎根—突破"的海外拓展路径，应首选东南亚基建活跃区，与越南照明工程协会建立战略合作关系，完成3个试点项目落地；采用轻资产运营模式，与当地经销商建立利润分成机制，首年投入控制在500万元以内；聚焦宗教场所、文旅景区等特殊场景，开发防腐蚀、高耐候性产品线，构建差异化竞争优势。

C企业案例说明，工业品企业面临的经济环境和市场需求处于不断变化之中，企业战略与营销体系应随着环境变化增强适应性。市场并不存在一成不变的营销模式或法则，当原有市场趋近饱和时，新业务的拓展或海外市场的扩张，应建立在全新的营销理念和战术之上。

案例 2-4　水处理公司 D 的第二增长曲线缺乏组织支撑

D 公司是一家拥有 20 余年历史的环境技术企业，已构建起涵盖药剂研发生产、工程运营及检测服务的业务布局。2020 年起，D 公司着手研发水质检测设备，旨在开拓第二增长曲线。2020—2023 年，尽管 D 公司实现营业收入由 1.5 亿元到 9 亿元的跃升，只是近年业绩剧烈波动致使其营业收入在 2024 年回落至 6 亿元，加之核心业务利润率持续收窄，第二增长曲线业务年营业收入始终徘徊于 2000 万量级，未能形成显著的市场增量。

D 公司表面上面临的是新业务市场突破难题，实则映射出企业内部长期形成的运营体系、组织体系与新增长曲线不适配，企业的隐性能力未能有效支撑新业务的成长，因此组织变革成为 D 公司当务之急。

D 公司的两位创始人，是基于同学关系携手创业的，初时规模较小，在年营业收入达到 1 亿~2 亿元时，员工总数仅有 100~200 人，股份高度集中，决策高度集权。随着公司规模扩大，员工数量激增至 1000 人，组织架构却仍由两位创始人统管，公司设立了 20 多个部门，一位创始人负责"产、研、人、财"等后台管理，下辖 14 个中层部门，员工 500 余人；另一位创始人则主管营销等前台业务，下辖13个中层部门，员工400余人。两位创始人沿袭"产、研、人、财"与"营销体系"的垂直管理模式，导致20多个中层部门陷入执行层定位，缺乏协同能力。

D公司组织结构的症结在于"高层空位"。企业初创时，老板能直接管至基层，但规模扩大后，两位老板事必躬亲的做法使下属缺乏决策自主权。新产品的创新与成功需"产、研、销"和"人、财、物"紧密协作，此任务风险高且耗时长。D公司忽视高管团队建设，中层管理"权、责、利"不匹配，难以担纲重任。两位老板分身乏术，研发与营销协同受阻，新业务拓展步履维艰。

破解这一困局的关键在于设置新组织架构。首要任务是建立核心管理班子与专业化营销团队，通过组织变革实现三个关键转变：一是将创始人从业务管理者升级为战略决策者；二是赋予中层管理者业务决策权责；三是建立跨部门协同机制。为此D公司实施"三会联动"管理体系，其中月度经营分析会聚焦经营指标偏差分析，建立PDCA（Plan，计划；Do，执行；Check，检查；Act，处理）闭环管理系统；营销策略研讨会构建市场洞察体系，制定动态营销组合策略；典型案例复盘会通过场景化学习推动营销策略迭代升级。

该案例揭示出，高管团队建设是工业品企业持续成长过程中仅次于战略与技术的第三关键要素。成熟管理班子的培育需要三年以上系统建设，其过程虽不会产生立竿见影的财务回报，却从根本上决定了企业战略执行力和组织效能。对于处于转型期的D公司而言，唯有通过组织能力重构，才能将技术积累转化为可持续的竞争优势。

▪ ▪ ▪ ▪ **工业品营销的问题：**
面临的问题和原因剖析

工业品营销问题往往表现为成长问题，并体现为经营业绩的好坏。总结起来，包括三个层面的问题。一是在战略与经营理念层面未形成统一的经营基调；二是在营销策略层面不具备灵活的策略制定能力，基础工作不到位，创新能力不足，以及组织协同、基础管理、人员梯队不足造成执行力难以得到保证；三是缺乏对数字化技术、工业品行业及营销影响的认知，营销理念和体系停留在传统阶段，缺乏对全球市场环境异同的了解，加大跨国开拓市场的难度。

战略不清导致工业品营销缺乏导向

在工业品经营领域，营销是企业战略执行落地的关键环节。若

第二章
问题与对策：工业品企业营销实况、问题与原因分析

企业缺乏宏观规划，营销活动便失去了明确导向，难以有效展开，往往处于自然增长状态，市场表现随波逐流，难以构筑竞争优势。根据统计，传统工业品流通环节成本占比高达40%，这种系统性损耗的根源，在于企业未能构建战略与营销的良性互动机制。

通过对国内工业品企业的典型案例进行分析，不难发现，倘若工业品营销仅仅局限于营销本身，缺乏企业宏观战略视角的引领，虽然营销部门看似是营业收入的重要来源，实际上却因缺乏战略和资源支撑，难以持续产生营业收入。

战略与营销的关系好比营销与销售的关系，当营销体系化、实质化时，会大大降低销售工作的开展难度。同样，当战略明晰化、精确化时，也会显著提升营销活动的效率。当企业缺乏清晰的战略规划时，营销活动往往退化为零散的战术组合。某国内知名阀门制造商营销团队在三年内尝试了渠道下沉、技术营销、解决方案销售等七种模式，却因缺乏战略聚焦导致资源分散，当该企业的年营销费用投入从5000万元增至1.2亿元时，其客户覆盖率仅提升了8%，重点客户流失率却上升至35%，这种"高投入低产出"的悖论，本质是战略模糊引发的营销资源错配。三一重工在2015年确立"智能化+服务化"双轮驱动战略后，其营销体系同步重构为"设备全生命周期服务商"模式，企业不仅实现服务收入占比从12%提升至38%，更构建起客户黏性提升的良性循环。战略选择实质上为营销活动划定了价值创造的有效边界。

在多数产业链中，工业品处于中上游位置，并非终端价值的直接创造者，其与下游企业的协同性就显得尤为重要。这种协同首先

体现在企业战略层面，即企业需根据下游企业与终端客户的价值交互形式和动态变化明确经营框架和重点。宁德时代新能源科技股份有限公司（宁德时代）在固态电池研发初期，战略规划部即与重点客户组建联合实验室，营销团队同步开展应用场景培育。这种"技术研发—市场教育"的并行策略，使产品在量产时已锁定70%的规划产能，有效规避了"技术领先但市场滞后"的产业化陷阱。

用消费品营销的框架开展工业品营销

在营销实践领域，虽然消费品与工业品营销共享"价值传递"的底层逻辑，但是在客户需求、作业内容、依托资源和成功因素等方面仍然存在根本性差异。这种差异源于两者在价值链条中的位置差异，消费品直面终端消费者，而工业品处于产业链中游，本质是生产资料的供给者。麦肯锡《2023年全球制造业调研报告》显示，错误运用消费品营销策略导致工业品企业年均损失达营业收入的7.2%，这种认知偏差在中小型企业尤为显著。

消费品营销聚焦个人消费需求的满足，其核心是建立情感联结与消费冲动，快消品巨头宝洁公司（宝洁，Procter & Gamble）的营销体系现了4P理论[①]的精髓，通过精准产品定位、渗透式渠道布局、心理定价策略及品牌形象塑造，构建起消费决策的瞬时触发机

---

① 4P理论是由美国营销学学者杰罗姆·麦卡锡（Jerome McCarthy）提出的以产品（Product）、价格（Price）、渠道（Place）、促销（Promotion）为核心的营销理论框架。

制。工业品营销的本质则是企业经营诉求的解决方案供给，强调的是沟通互动、协同体系和经济价值。

以德国博世集团（博世，Bosch Group）为例。其工业传动业务的市场拓展始终围绕客户生产效能提升展开，技术团队深度介入客户工艺流程改造，财务部门定制全生命周期成本模型，法务团队设计风险共担契约。这种价值创造模式决定了工业品营销不能依赖传统营销组合。

工业品营销理论发展严重滞后于产业实践，很容易造成中小型工业品企业在营销中迷失方向，加上消费品营销理论早已成熟且大量传播，更容易让中小型工业品企业的营销管理者产生错觉。斯坦福大学营销研究中心数据显示，全球商学院课程中工业品营销内容占比不足7%，且83%的教材案例仍沿用20世纪90年代的通用电气范式。这种理论真空导致诸多企业陷入"营销工具误用"困境，如同用造房子的理念造汽车，某国内轴承企业效仿消费品模式斥资3000万元建设电商渠道，最终转化率不足0.2%，反观其德国竞争对手舍弗勒集团（舍弗勒，Schaeffler Group）通过工程师驻厂服务，在相同周期内获得2.3亿元订单。

这种认知偏差在营销组织建设上尤为明显。消费品企业可按照品牌、渠道、数字营销等职能划分部门，而优质工业品企业如ABB（Asea Brown Boveri），其营销体系必然与研发、生产深度嵌合。施耐德电气有限公司（施耐德电气，Schneider Electric SA）建立的解决方案营销中心，实质是技术、商务、服务团队的集成作战单元，这种组织形态与传统消费品营销架构存在本质区别。

企业需认识到工业品营销不是消费品的简化版，而是复杂度更高的系统工程。营销体系重构，唯有打破对消费品营销的经验依赖，建立基于产业特性的营销方法，工业品企业才能在产业链价值重构中掌握主动权，这就要求企业必须通过持续的业务实践迭代出属于自己的营销哲学。

对海外市场与数字化等环境变化缺乏适应性

在商业领域，任何一种知识、方法、模式、定义都不具备永恒性，彼得·德鲁克提出的管理理念只是一种实践结果的呈现，也就意味着适宜的管理方式会因经营实践的差异而有所变化，当技术环境、市场结构、政策框架发生变革时，企业的营销体系必须进行适应性重构。当前工业品企业正面临两大挑战——全球化进程中的市场多元化，以及数字技术引发的产业革命。这两个维度的环境变迁，在不同程度上改变着工业品营销的逻辑。

营销的本质规律具有普适性，国内营销和国际营销不在于营销概念的不同，而在于企业的营销活动是在一个国家进行的还是在一个以上的国家进行的，海外市场的特殊性来源于市场、竞争、法律、政府管制等一系列陌生问题。工程机械巨头三一重工在2018年进入印尼市场时，曾直接移植国内的渠道分销模式，遭遇严重水土不服。原因有两个方面：一是印尼政府要求外资企业必须采用本地代理商制度，二是当地的终端用户偏好全生命周期服务而非单纯设备采购。

第二章
问题与对策：工业品企业营销实况、问题与原因分析

德国工业巨头蒂森克虏伯集团（蒂森克虏伯，ThyssenKrupp AG）的电梯业务曾为全球市场领导者。随着电梯行业向"产品+服务"的数字化解决方案转型，该公司因数字化营销与服务战略滞后，被芬兰通力电梯有限公司（通力，KONE Elevators Co., Ltd）等对手反超。

蒂森克虏伯长期依赖线下销售和传统广告，官网功能简陋，缺乏在线配置工具与实时服务支持。尽管其开发了"MAX"预测性维护技术，却未通过内容营销、社交媒体等渠道有效推广。通力则采用 SEO 优化、LinkedIn[①] 精准广告及自动化邮件营销，精准触达建筑开发商与物业管理者，并通过数据分析推送定制化方案。通力将远程监控服务与设备捆绑销售，以"全生命周期成本降低"的数字化营销方式，成功占领高端市场。在 2016 年至 2020 年间，通力全球份额从 12% 升至 15%，蒂森克虏伯则从 16% 跌至 13%。2020 年，后者被迫以 172 亿欧元出售电梯业务。

该案例表明，数字化转型滞后必将导致企业竞争力下滑，即便具备技术优势的工业品企业，若忽视数字化营销的客户触达、精准传播与数据驱动能力，仍可能被敏捷的竞争者颠覆。

环境塑造商业，工业品企业唯有建立起环境敏感型营销体系，才能在技术革命与全球化浪潮中保持竞争优势。这要求企业决策者既要有掌握传统范式的精髓的能力，又要有适应环境变量的系统化能力。

---

① LinkedIn 是全球领先的职业社交平台，致力于连接职场人士，提供招聘机会并分享行业资讯。

案例 2-5　欧莱雅集团与霍尼韦尔的营销实践区别

在全球消费品竞技场中，欧莱雅（法国）化妆品集团公司（欧莱雅集团，L'ORÉAL）以年营业收入18%的品牌建设投入和全球50万个销售网点的渠道布局，构建起难以复制的竞争壁垒。这种"高空轰炸＋地面渗透"的立体化作战体系，不仅支撑着其每年推出近500个新品类的商业奇迹，更在2023年创造出全球每秒钟售出85件美妆产品的商业神话。

欧莱雅集团的品牌形成金字塔架构。其旗下品牌HR赫莲娜（Helena Rubinstein）在高端百货渠道保持29%的年复合增长率，巴黎欧莱雅大众线产品年出货量超20亿件。企业同时通过多种渠道进行品牌传播，全球签约超200位品牌大使，2023年产出30万条定制化数字内容，在TikTok平台话题播放量超500亿次。

2023年欧莱雅集团渠道端贡献了集团83%的营收转化率。其拥有全球美妆行业最密集的渠道布局，构建了覆盖150个国家、50万个销售网点的立体化渠道网络。这一庞大体系不仅是产品流通的管道，更是其市场统治力的核心基础设施。渠道网络采取了Online＋Offline模式，线下渠道包含2.3万个高端百货专柜、12

第二章
问题与对策：工业品企业营销实况、问题与原因分析

万个药妆连锁、4800个单品牌店。线上渠道包含覆盖43个国家和地区的自营电商、200个以上的平台旗舰店、TikTok等社交电商，还开发了免税、专业沙龙、医疗等新兴渠道。渠道管理系统实时监控全球50万个销售网点库存状态，78个智能仓构成"24小时交付圈"，覆盖全球85%人口，欧莱雅集团通过渠道网络的生态化布局，实现了抗周期增长目标。

欧莱雅集团的营销体系本质是场精密计算的商业战争，用品牌势能制造消费欲望，以渠道密度实现需求截流。这种"18%营收换百亿品牌价值，50万网点筑千亿市场根基"的战略选择，让欧莱雅集团用双螺旋DNA的进化模式，铸就了营销体系的基石。

美国霍尼韦尔国际公司（霍尼韦尔，Honeywell International Inc.）在航空零部件领域的营销实践颇具启示性。其单个客户的开发周期长达3~5年，需历经技术认证（平均187项测试[①]）、商务谈判（涉及23个部门）及生产协同等多重复杂环节。其营销团队由技术工程师、法务专员和供应链专家组成，与消费品营销大相径庭。霍尼韦尔年均37亿美元的航空零部件销

---

① 平均187项测试，是指在特定领域认证过程中，实验室或机构需完成的标准化检测项目数量。该指标反映了认证机构的技术能力广度及对复杂产品的全维度评估能力，是衡量认证严谨性和专业性的关键参数之一。

售额，得益于营销体系与航空工业"高技术门槛、强系统耦合、超长决策链条"特征的深度契合。

霍尼韦尔航空零部件业务的营销起点是技术认证，以"平均187项测试"构成准入壁垒，APU（辅助动力装置）认证需完成超6000小时极端环境测试。营销过程覆盖产品的全生命周期，例如公司会从波音787设计阶段介入，提供25年期的预测性维护合约。

航空零部件的采购决策网络复杂。要求穿透23个决策触点，定制23套技术—商业解决方案。技术＋法务＋供应链的铁三角营销体系在霍尼韦尔组织进化中发挥关键作用，技术工程师主导价值锚定，每单标配气动—材料—电子—适航4人技术组，72小时内响应客户技术质询。霍尼韦尔拥有2300项核心专利，法务风控采用"基础协议＋动态条款"模式的合同架构设计，将技术变更成本转移效率提升65%。供应链系统在全球12个航空制造中心实现"150英里交付圈"，准时交付率高达99.3%。

霍尼韦尔在航空电子系统领域的市场份额高达41%，核心产品替代成本超客户年营业收入的15%。客户续约率连续11年保持97%以上，技术绑定指数达8.6（行业平均4.2），高毛利服务收入占比提升至

58%。在 B2B 领域，霍尼韦尔以"5 年培育 1 个客户，1 个客户吃 30 年"的逻辑，在航空产业链上筑起了难以撼动的技术护城河，证明了真正的竞争优势在于重构价值创造的根本规则。

工业品营销突围与提升：解决关键问题的方案

从工业品营销困境及其产生原因的分析结果来看，工业品企业营销面临的普遍问题是缺乏战略引导、营销体系架构，以及应变机制。因此，工业品企业经营要在营销环节形成竞争力的必要举措，是明确战略要点，形成实战性强的营销体系，并提升应对局部变化的能力。

强化战略观念，优化营销边界

战略作为顶层设计，通过市场定位、技术路线选择、产品和服务形态定义及资源投入方向的规划，为营销活动划定了价值创造的边界。企业的营销活动实际上是在特定的客户群和特定的业务范畴

第二章
问题与对策：工业品企业营销实况、问题与原因分析

之间展开的，其作为价值交付的最后一环，通过洞察客户需求、分析竞争态势、整合技术资源，成为战略落地的有力抓手。两者在本质上构成了价值创造与价值传递的关系，战略聚焦于构建技术壁垒与产业生态优势，营销活动则致力于将业务能力转化为客户可感知的解决方案。

彼得·德鲁克提出"战略是系统化放弃的艺术"，而"放弃"的另一种表达就是定位。企业无论处于初创期还是发展期，其资源相对于整个经济系统来说永远是有限的，其所能满足的客户需求和创造的产业价值永远是有限的，这就需要企业在战略上做出取舍，试图满足所有需求的企业终将不能满足任何需求。同时，企业的这种取舍并非单一维度的决策，而是需要在产业选择、市场细分、产品与服务形态、业务链条、竞争对手、伙伴选择、技术路线等方面同步实施，因此放弃是系统化的。也只有系统化的放弃，才会产生系统化的定位，从而形成企业的利润逻辑。但是战略不是艺术，艺术只是人们在未能准确掌握规律时的隐喻式表达，现实中企业若能降低战略的模糊性，即可相应地控制经营风险。大部分企业在产业、产品形态、技术路线上的自由度并不大，定位主要集中在市场、业务、竞争的维度上。

市场定位需要经过需求洞察、市场细分、目标市场、客户价值等环节来完成。首先基于需求性质识别出价值锚点，然后通过多维细分（区域、行业、企业规模、价值敏感度）解构市场图谱。在聚焦高潜力目标市场时，应评估细分市场容量、增长率、竞争密度与需求匹配度，其中 CR3（市场前三名份额集中度指标）≤40% 属于

蓝海市场。

客户价值定位需建立差异化价值曲线，对价格敏感型客户提供低成本解决方案，对技术驱动型客户部署全周期服务包，通过价值分层实现客户终身价值最大化，核心在于将有限资源精准配置到能产生战略控制点的市场空间。

业务定位本质是产业分工体系在企业内部的映射，需综合考量终端产品/服务形态、产业链条构成、产业竞争结构与企业核心能力。其底层逻辑在于，通过企业差异化生态位与供应链伙伴优势的耦合，塑造终端产品竞争力，同时确保自身在价值链环节的战略控制力。定位差异直接催生差异化的竞合关系，例如索尼公司（Sony Corporation）战略性收缩手机终端业务，转型为手机影像传感器供应商，既规避了与苹果公司、三星集团（SamSung Group）的正面竞争，又通过视觉技术壁垒占据产业一席之地。该过程实质是动态博弈下的价值节点选择，在强化自身不可替代性的同时，重构与上下游伙伴的协同边界，最终形成攻守兼备的产业卡位。

一个企业的竞争优势，是以更低成本创造同等客户价值，或以同等成本创造更高价值的某种能力。竞争策略的建构是以客户需求为基准，以竞争对手为参照，对整体经营方式和各个运营环节进行的创新。企业竞争策略包括低成本竞争、差异化竞争和价值异构竞争，制定竞争策略的关键则在于，不仅需要指明竞争力的价值维度，还需要明确形成这种竞争力的实际支撑条件。例如低成本竞争策略，不仅是策略本身，还包括支撑低成本策略落地的实际运营条件，而这种运营条件实质是战略控制点的显性化，是引

第二章
问题与对策：工业品企业营销实况、问题与原因分析

导企业资源配置的方向。

工业品营销的 4C 模型

工业品营销策略与消费品营销存在显著差异，在工业品营销中，成功的策略往往需要围绕团队能力与组织、客户关系与沟通渠道、定制解决方案、配置化定价策略这四个核心要素展开。这些要素构成了工业品营销的"4C"框架，即团队能力、客户沟通、定制化方案、配置化价格。这些要素在某种程度上可以类比消费品营销的 4P 框架。

团队能力与组织：构建专业与协同的营销团队

工业品营销的首要任务是组建一支具备深厚行业知识、技术理解力和市场洞察力的团队，成员不仅需要精通营销方法论和技巧，还应能够理解客户的生产工艺、技术特点及潜在需求。团队内部应形成跨部门协作机制，销售、技术、服务等部门应紧密配合，从而确保从客户需求洞察到解决方案交付的全链条高效运转。营销人员的专业性和营销组织的协同性是工业品营销的基础。此外，在快速迭代的技术环境中，持续的培训和学习机制对于保持团队的专业性和竞争力至关重要。

客户关系与沟通渠道：深化连接、持续沟通

与消费品市场相比，工业品市场的客户数量相对较少，但是每个客户的价值更高，而且各客户的需求呈现显著差异，因此营销团

队需要投入更多精力建立和维护与客户的长期合作关系，同时深入了解客户的业务模式、未来规划及特定需求。在沟通渠道上，除了通过定期拜访、行业展会、技术交流会等传统形式的深化互动，还应充分利用数字工具，例如社交媒体、电子邮件营销、CRM系统等，在高效、个性化地传递信息的同时收集客户反馈，形成双向沟通闭环。特别是建立专属的客户服务平台或社区，能够进一步提升客户黏性和满意度。通过深化客户关系，营销团队能够更准确地理解客户需求，为定制解决方案提供有力支持。

定制解决方案：满足个性化需求，挖掘长尾价值

工业品市场的客户需求往往复杂且多样，提供定制化的解决方案是工业品营销的重要策略之一。营销团队必须与客户进行深入交流，准确识别其需求痛点，根据客户的具体需求，结合公司的技术实力和资源优势，协同技术团队设计出符合客户特定要求的产品或服务组合。这种"量身定制"的解决方案提升了产品和服务的适用性，包括方案架构、关键产品设计、工艺优化、技术支持、售后服务等多个方面。通过提供定制化的解决方案，营销团队能够满足客户的个性化需求，提升客户满意度和忠诚度，从而在激烈的市场竞争中脱颖而出。

配置化定价策略：平衡价值与成本，实现双赢

工业品市场因客户需求高度分化，需采用配置化定价平衡成本价值。该策略区别于差异化定价，差异化定价适用于标准化产品针对不同消费能力和消费规模的分级定价，配置化定价则面向客户技术参数与支付能力双维度的差异场景，企业通过动态组合技术模块、服务包、交付条款形成定价矩阵，其本质是基于客户定制化需求生产性能参数差异化的产品，实现技术适配度与价格敏感度的精准匹配。根据解决方案的产品及服务结构、技术含量、附加值等因素进行价值定价，同时根据客户的购买量、合作期限、支付方式等因素制定差异化的价格体系，配置化定价能够在保障企业合理利润的同时，给予客户足够的成本效益考量，实现双方的共赢。

工业品营销的 4C 框架强调构建专业与协同的营销团队，深化客户关系与沟通渠道，提供定制化的解决方案，实施配置化的定价策略。这些要素相互关联、相互支持，共同构成了工业品营销的关键成功要素。这一过程不仅需要营销团队的专业技能，更依赖于整个组织的协同作战能力和对市场趋势的敏锐捕捉。

根据环境变化关键因素制定专项措施

西门子股份公司（西门子，Siemens AG）首席执行官博乐仁（Roland Busch，罗兰·布施，博乐仁为其中文名）曾指出，"未来的工业领袖，必是那些能预见环境变迁，并将变化编码进企业 DNA 的组织"。华为长盛不衰的原因，就在于其常变常新的经营理念。工业品营销要想成功，离不开契合特性的营销体系，然而营销环境总是会变动的，由于这些变动通常并非颠覆性的，所以营销的基本框架仍然具有一定的影响力。如果企业对这些变化视而不见，或者僵化并刻板地套用框架，就会在营销实践中付出代价，这种代价多数情况下体现为时间成本。因此营销管理层需在4C框架之上，针对环境中的关键变化因素，增添策略以增强适应性。

三一重工在开拓印尼市场受阻后，迅速调整战略架构，系统性构建了"本地化三级体系"。

第一步，联合本土律所搭建政策预警机制，有效应对印尼2020年颁布的《机械设备进口新规》中技术认证与关税条款的变动。

第二步，筛选并培育5家具备区域分销网络的本土核心代理商，同步设立联合技术服务中心以强化售后响应能力。

第三步，创新推出"设备租赁+维保保险"柔性服务方案，降低客户初始投入门槛。通过上述策略，三一重工在印尼市场的份额从2019年的7%大幅攀升至2023年的23%，实证了本地化适应性战略的有效性。

这一案例表明，工业装备企业的海外营销需兼顾"全球化标准与本地化适配"的双元能力，既要保持核心技术优势的连续性，也要针对东道国政策法规、消费习惯及竞争生态进行动态策略迭代。

工业品企业的数字化营销本质是以数据智能重构价值链条，而非机械地复制传统流程至线上。徐工集团工程机械股份有限公司（徐工机械）的转型路径具有标杆意义。

徐工机械针对装备制造业客户决策链冗长、需求隐性化等痛点，构建的"三维数字化营销系统"实现了全链路升级。

客户洞察层整合ERP、CRM及社交媒体舆情数据，构建含428个行为与需求标签的动态客户画像库；需求预测层依托机器学习分析 10 年历史订单数据,将 6 个月内需求预测准确率提升至 89%;价值传递层开发 AR 远程运维平台,通过实时数据回传与专家协同诊断,使设备故障排除效率提升 70%。

该系统推动徐工 2022 年线上商机转化率同比增长 240%,同期销售成本缩减 18%。其核心突破在于通过数据资产化运营实现三大范式转变,决策机制从经验判断转向算法驱动,客户关系从单次交易转向全生命周期价值共创,业务创新从孤立试错转向系统化数字赋能。

案例 2-6　罗克韦尔营销体系助其稳固行业领头地位

罗克韦尔自动化有限公司(罗克韦尔,Rockwell Automation)是全球领先的工业自动化和数字化转型解决方案提供商,业务覆盖工业控制系统、传感器、驱动设备及工业软件等领域,服务于汽车、制药、能源等中上游制造业。其核心产品包括可编程逻辑控制器、人机界面、工业物联网平台,为制造企业提供从设备层到信息层的全栈式智能化支持。作为工业品企业,其产品和方案需与客户的生产设备、工艺及管理高度协同。

罗克韦尔的营销组织采用"行业+区域"矩阵式营销架构,首先按汽车、食品饮料等细分行业划分,并匹配精通行业工艺的技术营销专家,还在北美、欧洲、亚太等主要市场区域设立本地化支持中心，提供快速响应服务。解决方案工程师占销售团队30%以上，深度参与客户产线规划，实现技术营销与销售的融合。

在客户关系与沟通方面，罗克韦尔建立了战略客户计划，为头部客户配置专属服务团队，定期开展联合技术研讨会。通过FactoryTalk Analytics（工业数据分析软件）云平台实时监测客户设备运行数据，主动推送预防性维护建议，增强客户黏性；每年举办全球用户大会，吸引超1.5万名客户参与，形成技术生态社区。

在个性化解决方案方面，罗克韦尔推出模块化产品平台，如Logix控制平台，支持客户按需组合硬件模块与软件功能包；通过数字孪生技术为客户提供虚拟调试服务，减少产线部署时间30%。例如针对医药行业GMP（药品生产质量管理规范）的合规需求，罗克韦尔开发了预置验证文档的定制化控制系统，缩短客户认证周期40%。

在配置化定价方面，罗克韦尔将远程运维、软件升级等服务打包为年度订阅，降低客户初始投入，同时建立了阶梯式许可定价机制，软件产品按功能模块拆分授权，客户可随业务扩展追加采购。对节能改造项目，按客户节省的能耗成本比例收取费用，实现风险共担。

罗克韦尔稳居全球工业自动化市场前三，2023财年营业收入达90.52亿美元，同比增长12.3%，其中软件与服务收入占比提升至45%，息税前利润率达21.7%，显著高于行业平均的15%。在关键领域，PLC（Programmable Logic Controller，可编程逻辑控制器）市场份额达19%，工业物联网平台覆盖全球超1.7万家工厂。凭借高达85%的客户留存率，公司连续5年入选Gartner（全球知名的IT研究与顾问咨询公司）工业物联网魔力象限领导者。

■ 第三章

战略与规划：机会聚焦与价值选择

企业在进行整体经营活动或开展营销、研发等职能行为时，需要制定相应战略。战略不仅能为企业的相关活动提供导向，避免企业陷入"我们不知道自己身在何处，但是正在全速前进"的困境，还能为企业经营活动提供经济原理性保证，确保企业的产出大于投入。

工业品企业经营活动通常涉及多个决策者和复杂的采购流程，市场竞争激烈，营销战略规划可以帮助企业识别和理解目标市场的需求，并通过差异化策略突出自身优势。在此基础上，企业可以合理分配营销资源，避免资源浪费，确保营销活动的高效性。同时，战略规划不仅要关注短期销售目标，更要注重企业的长期发展，并通过制定长期战略，助力企业建立稳固的市场地位。

此外，工业品市场存在诸多不确定性，营销战略规划可以帮助企业识别潜在风险，及时制定应对措施，从而降低市场波动的影响。

■■■■ 市场机会聚焦：寻找最大的价值空间

任何一家规模巨大或资金实力雄厚的企业，都不可能满足市场上所有顾客的需求。企业只能根据自身条件从事某一领域的经营活动，选择力所能及的目标市场。只有通过市场细分，企业才能确定战略和经营模式，使营销活动不迷失方向。市场细分的概念最早由美国营销学家温德尔·史密斯（Wendell Smith）于1956年提出，此后美国营销学家菲利普·科特勒（Philip Kotler）进一步发展和完善了这一理论，并形成了成熟的STP理论，即市场细分（Segmentation）、目标市场选择（Targeting）和市场定位（Positioning）。

市场细分是指营销人员通过市场调研，依据消费者的需求、购买特征、购买行为等方面的差异，将某一产品市场划分为不同消费群体的市场分类过程。目标市场选择是指企业在划分好细分市场后，评估每个细分市场的吸引力，并选择进入一个或多个细分市场。市场定位是指为使产品在消费者心目中相对于竞争产品占据清晰、独特和理想的位置而进行的策略安排。

市场细分与方法

工业品销售以直销模式为主导，单体客户资源投入量大，其获取成本可达消费品市场的 7~12 倍，因此相较消费品市场，工业品市场的细分对精准度的要求更高。主流细分方法需要平衡数据可获得性与策略可操作性的矛盾：层分法通过人口统计、经营变量、采购方式、情景因素、性格特征五级递进指标划分市场，但是其存在数据采集成本高、适用性难以持续保障等局限；三要素法采用"区域—行业—规模"框架，适用于同维度客户需求离散度大于 28% 的情形。

市场细分本质是创造性认知活动，要求营销人员对市场结构及客户本质进行抽象化建模。其核心目标在于"最大化群组间差异，最小化群组内差异"，这就需要企业能够平衡策略有效性、操作便利性及执行成本三者的关系。工业品市场细分聚焦组织间营销特性，并不是基于产品类别进行划分的，而是以客户需求共性特征与企业价值供给的匹配度为基准，以客户需求为导向进行区分的。因此，企业可以围绕由行业纵深、区域维度和客户价值类型三个维度构成的"魔方模型"展开工业品市场细分，如图 3-1 所示。

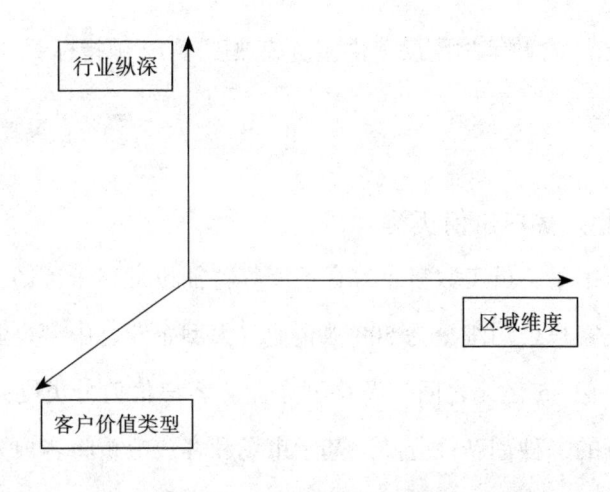

第三章
战略与规划：机会聚焦与价值选择

图 3-1　市场细分的三个维度

第一维度：行业纵深

不同行业在产品应用需求上的差异性、资源的差异性，以及在人才结构上的封闭性，使行业维度成为市场细分的一个重要指标。行业分类编码是标识细分市场的常用工具，既可标识细分市场，又能评估行业规模。在实施时需要企业结合产品功能特性，例如注塑机可细分为汽车制造、电子设备、医疗器械、饮料包装等应用领域，因为各领域对设备精度、生产节拍等参数要求存在差异。

第二维度：区域维度

区域维度是市场细分的常用指标，无论是区域的相对封闭性，还是区域之间的经济差异性、产业发展程度的差异性，以及多个地区之间客户关系资源上的差异性，都会影响企业的战略资源投放。区域划分可设置为省份、经济圈或国别市场，跨国企业常采用"本土化指数[①]（含政策适配度、供应链成熟度等12项指标）"进行区域价值评估。

第三维度：客户价值类型

公司销量、员工数量、整合程度等特征也常用于市场细分，市场通常把客户公司细分为500强企业、大型企业、中型企业（营业收入在1亿~5亿元之间）及小型企业。客户价值分类则是在此基础上进行的一种创新性分类，基于市场和客户分析将客户分为偏重价格的内在价值型、偏重服务的外在价值型和偏重企业竞争力的战略价值型三类。某工业阀门企业实践表明，三类客户对产品溢价接受度分别为≤8%、12%~15%、≥20%，这种溢价接受度显著影响着定价策略。

虽然各个行业、区域及不同规模的企业对产品的基本需求相同，但是它们在附加功能方面的价值需求上千差万别，只有深入了解行业的设备、其工艺情况和行业标准，才能满足客户的独特价值需求。因此，"魔方模型"的宏观市场细分提出了客户附加价值的类型，微观市场细分则提出了客户附加价值的提供方式。例如，国内某工业品企业根据客户的不同需求，以行业细分进行客户化定制，按照产品应用标准的高、中、低端分类，对需求进行细分和诉求挖掘。

微观市场细分对于企业项目具有实用价值，可分为横向细分

---

① 本土化指数，是衡量跨国公司在东道国本土化程度的量化指标，主要用于评估跨国公司在东道国的市场融入程度、运营效率、文化融合、人才培养等方面的表现。

和纵向细分,其中横向细分确定价值类型,是指将市场调研数据按照客户、竞争和自身三个角度进行分析,得出客户的价值类型,便于市场选择。纵向细分是确定价值量级,完成客户重量级的分类,便于市场价值定位,针对不同重量级的客户,应采用不同的营销打法。

根据最终目标不同,客户分为面向已有客户和面向潜在客户两类。面向已有客户进行分级,可以提高客户满意度、忠诚度,分级应结合客户的年销售额、成长速度、客户份额、信用状况、品牌定位、综合赢利能力、综合企业能力等因素进行。面向潜在客户进行分级是为了提高成交率,保证销售资源的利用效率,可以结合客户的企业性质、资产规模、营业额、发展速度等因素进行。

目标市场的选择

市场细分是通过将广阔市场细分为若干个需求明确、特征鲜明的子市场,并为每个子市场量身定制产品与服务方案,以满足其独特需求。它的目的是准确界定并锁定企业的核心目标市场。科特勒认为,通过系统调研与科学细分,营销人员能够精准定位,并明智地选择出目标市场。

细分市场应具备的三大特性

理想的细分市场需具备三大特性:可识别性、可进入性和规模化。可识别性意味着市场细分应清晰界定,便于量化评估与理解;

可进入性表明市场成员能够被有效触及或受到定向营销活动的影响，这往往需要销售代表的深入沟通与谈判，而非仅凭广告或销售电话的浅层接触就能实现；规模化是确保市场细分具有足够大的容量，可以支撑企业营销投入并获得相应回报的关键。

细分市场的评估技术

在评估目标市场时，客户终身价值成为衡量其潜力的关键指标。要揭示潜力巨大的细分市场，需借助一系列评估技术，如情景法、分解法及统计序列法等。

情景法

情景法通过预测技术完成，它要求管理者描绘未来可能的市场情景，并分析推动这些情景实现的关键因素。

分解法

分解法通过分析产品与价值链的融合，评估出实际应用中需要的原料或元件的市场潜力。例如，为了预测剖宫产部门外科用肘钉的潜在需求，可以用剖宫产时肘钉的一般需求量乘某个国家或某个地区的剖宫产部门数量。

统计序列法

统计序列法通过需求与其他经济活动指标的相关性来评估特定原料、物流服务或维修商品的数量。例如，统计数据回归分析表明新屋开工率与石膏板销售之间存在明显却不完全一致的相关性，根据未来几年的房屋供应量，企业可以预测出同期石膏板的销售量。

目标市场的确定不仅意味着营销对象的明确，也对企业营销战略规划具有指导意义。在此过程中，企业需综合考虑细分市场的吸引力与组织目标和资源的匹配度（见图 3-2）。细分市场的吸引力体现在市场规模、成长性、规模经济效应及风险水平等多个方面，而组织目标与资源的匹配度则要求企业根据实际情况，灵活界定重点市场、次重点市场及潜在市场，以实现战略与市场的无缝对接。某电动汽车制造企业在储能市场优先开发工商业用户市场而非户用市场，原因在于户用市场的客户终身价值为 45 万美元，而工商业用户市场的客户终身价值可达 329 万美元。

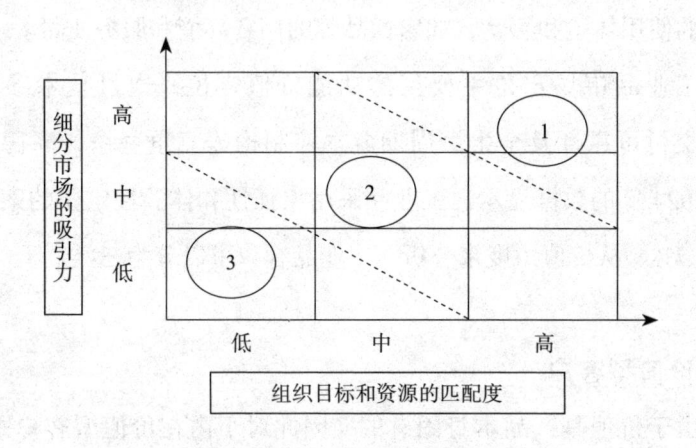

图 3-2　企业评估细分市场的两个维度

归根结底，企业选择目标市场的核心驱动力在于追求利润最大化，目标市场决策本质是价值创造与资源适配的双重考量，并通过市场引力、竞争强度、企业能力三个维度建立模型进行定量评估。美的集团在 2024 年医疗设备市场拓展中，通过该类模型锁定影像诊断细分领域，使研发投入产出比达 1∶4.7，较传统家电业务提升 210%。

客户价值定位

市场定位作为 STP 战略的最终闭环环节，其本质是通过价值主张设计在目标客户心智中构建差异化认知优势，市场定位分为功能性定位、象征性定位、体验性定位三种类型。功能性定位强调产品的功能和特点，如质量、性能等；象征性定位通过品牌形象和情感价值来吸引消费者，如奢侈品品牌的高端形象；体验性定位注重消费者的使用体验和感受，如餐饮品牌的用餐环境和服务质量。

工业品市场定位主要聚焦功能价值定位，通过技术参数优化、交付可靠性及全生命周期成本控制构建竞争壁垒，高德纳报告①2024 年的数据显示，工业品采用象征性和体验性定位的案例仅占 12.7%。从价值角度来分析，工业品客户可以分为三类。

内在价值型客户

由于价值是产品本身固有的，因此对于内在价值型客户来说，

---

① 高德纳报告是由高德纳公司（Gartner）发布的各类研究和分析报告。该报告有助于客户进行市场分析、技术选择、项目论证、投资决策等工作。

第三章
战略与规划：机会聚焦与价值选择

他们主要关注或仅仅关注价值中的成本因素。通常这类客户对于产品有着深入的了解，对产品的性能及使用特点了如指掌，因此产品的更换成本几乎为零，会很轻易地被竞争产品取代。该类型客户的诉求主要体现在产品的价格上或获取的便利性上，例如美的集团构建智能报价系统，实时比对28家原材料供应商成本数据，显著提升了议价效率。

面对这种类型的客户，做产品推销是多余的，因为他们对产品价格较为敏感，采购的价格通常围绕着产品的成本上下波动。在产品技术同质化或企业对于客户在技术信息完全对称的情况下，内在价值型客户较为普遍。对于客户来说，产品的价值大于营销人员的价值。

外在价值型客户

对于外在价值型客户来说，产品本身固有的价值并不能完全满足其需求，他们对于解决方案和产品应用更感兴趣。该类客户愿意花费更多时间和精力与营销人员对接，愿意支付远高于产品成本的价格获取营销人员的解决方案。一般来说，外在价值型客户解决方案溢价能达成本价的220%~350%，博世为新能源汽车厂商提供电驱系统定制开发服务，技术服务费占合同额41%。客户的采购价值取决于解决方案的价值，如果不能提供有吸引力的解决方案和产品应用方案，即使营销人员在价格上做出较大的让步，也难以获得订单。

外在价值型客户往往存在营销人员与客户在产品技术信息上不

对称的情况。对于这类型客户来说，营销人员的价值大于产品的价值，他们较为关注营销人员的方案交付能力。例如，在建筑涂料销售中，房地产商会被涂料厂家视为外在价值型客户，需要涂料厂商给予具体的产品配比方案和使用规范，于是涂料厂商的销售价格就有了包装空间。与之不同的是装饰总承包商，通常被视为内在价值型客户，它们相当了解涂料的成本，很清楚如何使用它，因此只能在成本价的基础上制定价格。

战略价值型客户

对于战略价值型客户来说，产品和解决方案已经不能满足他们的需求，他们需要获得或使用供应商的核心竞争力。该类客户需要的是能够支持其变革的系统化能力，这种能力绝不是单一产品或单一解决方案能够满足的，而是基于企业需求的系统化解决方案，例如宁德时代与巴伐利亚发动机制造厂股份有限公司（宝马集团，Bayerische Motoren Werke AG）联合研发固态电池，共建的专利池覆盖了137项核心技术。

战略价值型客户需要供应商能够与自己深入合作、长期合作，以及无缝隙合作，平均合作周期为8.2年。战略价值型客户考察供应商是从整体运营和管理能力来看的，一旦合作双方获得的收益是稳定且持续的，例如徐工机械2024年的大客户留存率高达91%。战略价值型客户与供应商之间的协同度最高，在职能上能够形成网状对接，从而保障信息畅通，如三一重工为战略客户配备专属OTD（从订单到交付）协同平台。

案例3-1　潍柴动力发电机组以核心技术为支撑深耕多个细分市场

潍柴动力股份有限公司（潍柴动力）作为中国动力装备领域的龙头企业，自2002年成立以来持续引领柴油机技术革新，其WP系列发动机热效率于2024年突破52.28%全球纪录。公司构建了覆盖商用车、工程机械、农用装备、发电设备等领域的动力总成生态系统，其中发电机组业务板块依托自主可控的ECU控制系统，与斯坦福公司（Stanford Research Systems）、尼得科利莱森玛控股公司（利莱森玛，Leroy-Somer）等国际顶尖发电机品牌深度集成，形成能效比达43.2%的智慧化动力解决方案。

在需求不振的经济背景下，潍柴动力发电机组深耕细分市场、寻求市场突破，在不同环境、不同场景下为客户提供专业且可靠的解决方案。目前，其产品已成功覆盖数据中心、电站、房地产、医疗、通信、工业、商业、军事、农业、交通、能源等十一个细分市场。以数据中心为例，其针对该市场建设周期长、占地面积大、数据丢失风险及信息安全等痛点，推出了16M33、20M33、12M55、16M55等一系列明星产品。这些产品凭借出色的性能和针对痛点的解决方案，为客户提供了更加可靠、安全的选择，针对Tier Ⅵ级机房99.999%可用性要求，开发具备黑启动功能的16M33 DSE系列（2000k—3000kVA），通过AI负荷预测算法将燃油消耗降低18%。

在电站领域，潍柴动力发电机组构建了全功率段覆盖的产品矩阵，例如16M55系列适用于大型电站；12M55系列适用于中大型电站；20M33系列适用于中型电站；8M33系列适用于中小型电站；6M33系列则适用于小型电站；6M33 ECO系列搭载云监控平台，解决了偏远地区电站无人值守的难题。

在智慧能源领域，潍柴动力发电机组推出微电网耦合型20M33 HVO机组，适配生物柴油比例达100%，助力欧盟RED Ⅲ标准达标。在军民融合领域，12M55 MIL系列取得GJB9001C—2017认证，极端环境启动成功率提升至99.3%。这种细致的市场划分和精准的产品定位，使得潍柴动力发电机组能够满足各种电站的特定需求。

潍柴动力发电机组拥有丰富的产品线，以适应各种应用场景的需求。同时，公司建立了完善的售后服务体系，能够为用户提供及时、专业的技术支持和维修服务。此外，完善的配件供应体系也确保了用户在需要时能够及时获得原厂配件，从而保障了发电机组的持续稳定运行。

第三章
战略与规划：机会聚焦与价值选择

▪▪▪▪▪ 工业品管理与开发：有限资源的经济配置

任何一家企业都有可能陷入日复一日的低效循环中。员工看似忙碌，但是缺乏对自身特色的认知，导致企业整体价值创造能力低下。企业需投入时间厘清自身业务，如成本结构、边际收益等方面的经济学逻辑，并预判目标实现过程中的潜在瓶颈。

在明确工业品的差异化客户价值后，企业需进一步将其映射到供应端，转化为具体的产品与服务形态。这些产品与服务的组合需通过内外部资源协同实现，企业需从产业系统视角出发，既要与上游供应商建立战略合作，又能通过定向投资培育核心资源，最终以经济性最优的方式完成价值交付。

产品、产品线和服务

产品是特色和优势的集合，体现了特定的物理特性。例如，计算机储存 200G 字节信息的硬盘就是其物理特性或产品特色。企业的目标市场决定了主要产品的形态，例如，在航空业，中国西南航空公司强调在点对点航线上提供低价飞行服务，美国西南航空公司则通过中心辐射战略，关注服务和线路的覆盖率。在计算机行业，20 世纪 80 年代，克雷公司（Cray Inc.）专注于研发密集型应用超性能计算机，美国计算机服务公司（NCR 公司，National Cash Register）则关注具备并行处理功能的计算机，这种计算机可以应用于管理大型市场和金融数据库；苹果公司向日益增长的个人电脑市场提供产品，IBM 公司则提供计算机、服务器和外围设备的全线产品，以及 IT 咨询和服务业务。

工业品是生产过程中的关键要素

工业品的质量直接影响终端产品的质量和客户满意度。

第一，工业品的质量直接影响客户的生产效率和终端产品的质量。高质量的工业品能够减少设备故障和停机时间，提高生产线的稳定性和连续性。例如，高性能的机械设备和精密工具能够确保生产过程的精确性和一致性，从而提高终端产品的质量。

第二，工业品的创新性和技术先进性是产品特色的组成部分。当前，工业品的智能化水平正在不断提升，智能传感器与工业物联

第三章
战略与规划：机会聚焦与价值选择

网的应用，可以使生产效率提升 20%~30%，同时减少 15% 以上的人为失误。

第三，工业品的可靠性和耐用性是客户关注的重点。可靠的工业品能够在恶劣环境中长期稳定运行，减少维护和更换成本。例如，耐腐蚀合金材料在化工领域的应用，使设备寿命周期延长 3~5 倍，大幅降低全生命周期成本。客户在选择工业品时，会优先考虑经过技术验证和具有良好口碑的产品，这些产品能够为其带来长期的经济效益。

第四，产品线通常由基于相同技术的多个产品构成。2022 年高德纳公司的统计显示，仅 12% 的工业企业能依靠单一产品维持生存，大部分企业有多种产品或服务线。工业品营销的一个重要方面就是决定推出或保留哪种产品，哪种产品要重点促销，哪种产品应停止推广或减少投入。

以本田技研工业株式会社（本田，Honda Motor Co., Ltd.）为例，其内燃机技术平台衍生出思域等燃油车型，而混动技术平台支撑雅阁混动等产品线。有些企业采用波士顿矩阵管理产品线组合，根据市场增长率和市场份额，将所有产品分为明星产品、现金牛产品、问题产品、瘦狗产品。

产品线的宽度由市场偏好的多样性决定，同时受到生产与经营的经济性、管理与营销的复杂性，以及有限的资金资源约束。管理者需运用产品组合工具（如 GE 矩阵）、生命周期模型（如 PLC 曲线）进行管理和优化产品线，产品管理工具可以应用于不同层次，这些层次包括产品本身、技术平台、产品线及产品类别。技术平台的核心技术是产品线的基础,一条产品线并非必须共享同一技术平台,但共享同一技术平台的是同一产品线。

第五,服务是构成工业品价值的隐性维度。尽管核心产品是重要的,但是服务才是区分企业的主要因素,是构成工业品价值的隐性维度,企业通过专业技能和知识的应用为客户创造价值。贝恩数据[1]显示,B2B采购决策中服务权重占比高达37%。优质的售后服务和技术支持能够帮助客户解决产品使用过程中遇到的问题,确保设备的正常运行。例如,及时的维修服务和专业的技术培训能够减少因设备故障带来的损失。供应商通过提供全面的服务和支持增强客户的满意度和忠诚度,从而建立长期的合作关系。

服务通常不能与有形产品分离开来,客户购买的是完整的利益包,包括产品如何快速采购、如何支付货款、使用后的产品如何处置等。许多制造商把服务分成售前服务、交付服务和售后服务,售前服务是指帮助采购者决策的服务、财务服务、将产品设计融入客户需求的工程服务等,交付服务是产品交付时提供的便利性服务,如西门子"设备+安装+培训"中的安装和培训属于交付服务,售后服务包括顺利安装或维修等客户支持。从购买者的角度来看,这些服务是制造商必须提供的。因此,非标准化服务,如派遣资质不符的技术人员会导致客户终身价值下降59%,并引发品牌资产折损。

---

[1] 贝恩数据,是由管理咨询公司贝恩咨询(Bain & Company)收集和分析的主要用于帮助企业进行决策分析和战略规划的一系列经济、市场和行业数据。

第三章
战略与规划：机会聚焦与价值选择

合作伙伴关系

随着市场竞争日益激烈，企业仅凭自身能力获取某些竞争性资源愈发困难，合作伙伴可在供应链、分销渠道及研发创新等环节发挥战略作用。企业需与多个合作方协商互利条款，这种战略关系的组合模式本身即具有重要战略意义。对于工业品企业而言，与上游供应商建立高效协同关系，是保障供应链稳定、提升生产效率及推动技术创新的关键之一。

长期合作机制能显著增强供应链韧性。工业品企业对大宗原材料及零部件的依赖性较高，供应链中断可能直接引发生产停滞，进而影响订单交付时效与客户满意度。通过签订长期供应协议，企业可有效规避市场价格波动风险。例如，某重型机械制造商通过与核心钢材供应商达成战略合作，在行业周期性波动中仍能获得优先供应保障，避免了因原材料短缺引发的生产延误。

紧密合作有助于优化成本结构与提高运营效率。企业可以通过直采模式缩短供应链层级，降低中间环节成本。例如，某消费电子企业通过与芯片供应商建立直供合作，不仅省去分销商加价环节，更获得供应商派驻的工艺工程师团队支持，实现生产线产品良率提升与产品性能优化。此外，构建供应链信息共享平台可实现全链路可视化管控，供需双方通过实时监控库存水位与生产进度，动态响应市场需求变化，既能精准匹配产能与订单需求，又可避免库存冗余与交付延迟。

技术协同可加速产品迭代创新。上游供应商往往掌握细分领域的技术专长，可以通过联合研发实现技术资源整合。例如，某白色家电领军企业与高分子材料供应商建立了长期合作关系，双方不仅在原材料供应上紧密合作，还共建联合实验室进行新材料的研发，基于新型生物基环保塑料开发出能效等级领先的冰箱产品线，此类产品既契合低碳消费趋势，又强化了企业的技术品牌形象。

竞合战略在产业实践中日趋普遍。2022年雷诺-日产-三菱联盟宣布共同投资250亿欧元推进电动化转型，日产自动车株式会社（日产，Nissan Motor Co., Ltd.）主导全固态电池研发项目，目标是将电池系统成本削减50%；雷诺股份有限公司（雷诺，Renault）负责开发下一代电子电气架构；联盟还计划深度集成谷歌车载生态系统以强化智能网联能力。需指出的是，尽管与竞争对手结成合作伙伴具备了诸如对行业痛点的共同认知及技术互补性天然优势，但是合作成效会受制于两个因素的影响，一是合作方之间的信任构建机制，二是知识产权保护体系的完善程度。这两个问题需要通过契约设计与管理创新加以突破。

企业资源与投资

工业品企业需要与合作伙伴建立有效的合作关系，以建立和巩固其市场地位，但是缺乏核心技术或核心竞争优势的企业，会逐渐在产业链中被边缘化，没有合作伙伴愿意与其建立合作关系。单个工业品企业很难有足够资源支撑其在一个产业中的所有环节都建立竞争优势，即使如IBM这类资源雄厚的行业巨头，也在20世纪90

第三章
战略与规划：机会聚焦与价值选择

年代战略性退出个人计算机操作系统与应用软件市场。现实中的企业需要在这两种极端情况之间寻求平衡，通过有限资金的精准配置来维持自己的市场地位。实际上，一个企业的资源是在对有限资金的合理使用中形成的。

资产剥离战略通过出售非核心资产回笼资金，助力企业聚焦优势领域。2016年，受国际铁矿石产能扩张冲击、高品位低价矿石持续涌入市场、全球钢铁需求疲软的影响，国内钢铁行业被迫转向内需驱动。攀钢集团有限公司（攀钢）果断剥离持续亏损的铁矿石采选、钛精矿提纯及海绵钛项目，全面转向钒钛产品及高附加值衍生品研发。此举不仅通过现金流回注实现短期扭亏，更推动攀钢从资源依赖型向技术驱动型转型，最终在钒钛新材料细分市场确立了领先地位。

企业在新市场开拓或成熟市场渗透阶段，均需依托高强度资本投入构筑竞争壁垒。典型案例如英特尔公司（英特尔，Intel Corporation）2001—2005年战略周期，累计投入221亿美元研发资金，年均投入占营业收入的19%，以兑现"以最快芯片响应市场需求"的技术承诺。此间，其推出的NetBurst架构与双核处理器，不仅巩固了PC（Personal Computer，个人计算机）市场统治地位，更为移动计算时代埋下了技术伏笔。

案例3-2 三一重工集中资源于混凝土机械，开拓全球市场

三一重工作为中国工程机械行业龙头企业，业

务覆盖混凝土机械、挖掘机械、起重机械等五大核心板块。其混凝土泵车、旋挖钻机等产品连续12年（2011—2023）稳居国内市场占有率第一。

2012年，三一重工实施"聚焦混凝土机械＋全球化"战略，通过技术深耕、产能整合和全球化营销，仅用5年时间就将混凝土机械全球市场份额从7%提升至28%，确立了全球行业领导地位。2023年，三一重工混凝土机械板块的市场占有率超过了40%。

三一重工的混凝土机械在全球市场上的竞争力和领先地位，主要归功于技术创新和国际并购。三一重工注重技术研发和创新，在2010—2020年间累计投入超200亿元研发资金，攻克86米碳纤维臂架泵车等关键技术，打破德国企业垄断。尤其是其混凝土泵车超长臂架技术，使三一重工能够生产出臂架长度更长、性能更稳定的混凝土泵车，满足了大型工程对混凝土泵送距离和高度的需求。在细节方面，三一重工也进行了大量优化。其首创的活塞自复位系统和液压回路背压补偿技术，大大增加了产品的使用寿命和稳定性，使泵车平均无故障工作时长从800小时提升至1500小时。国际收购显著提升了三一重工在全球混凝土机械市场的竞争力，2012年三一重工以3.6亿欧元价格收购德国高端混凝土机械制造企业普茨迈斯特有限公司（普茨迈斯特，Putzmeister），直接获得52项核心专利和覆盖115国的销

第三章
战略与规划：机会聚焦与价值选择

售网络，全球混凝土泵车市场占有率从14%跃升至32%。

三一重工成功推出一系列高性能、高品质的混凝土机械产品，涵盖混凝土泵车、搅拌车、泵送设备等，这些产品在技术上均处于行业领先地位，能够充分满足高端市场的严苛需求。除此之外，三一重工还致力于为客户提供全方位、一站式的服务体验，包括售前咨询、售后服务、技术培训、配件供应、大修服务、设备租赁等，并在全球范围内建立了完善的服务网络，提供快速响应和高效的售后服务，部署全球智能服务平台，在147个国家实现"4小时到场、24小时修复"的服务标准。2024年，其通过AR远程诊断技术将故障排除效率提升了60%，客户可通过三一易维讯App实时获取设备健康报告与维护建议。此举大幅提升了客户体验，在全球高端市场中赢得了广泛认可。

在国际化进程中，三一重工实施"Glocalization（全球本土化）"战略，既发挥国内市场积累的主要优势，又针对目标国市场的差异调整产品和服务形态，形成一个技术平台上的区域产品线，例如针对欧美市场开发符合CE/UL认证的电动泵车，针对东南亚市场推出耐高温液压系统。在东南亚、非洲和拉美市场，三一重工与当地金融机构合作推出"Pay-per-use（按次使用）"付费模式，降低了新兴市场客户采购门槛。

▪▪▪▪ 工业品营销战略规划：营销活动的良性循环

  工业品营销战略规划是系统性部署营销活动的长期框架，需围绕目标市场选择、资源投入预算与绩效管理三大维度展开。在规划初期，企业需通过深度市场洞察，包括需求图谱绘制、竞争者战略拆解及行业趋势研判，明确差异化定位，继而聚焦高价值客户群体，开发针对其核心痛点的解决方案。例如，2024年卡特彼勒通过矿山设备工况大数据分析，将客户细分维度从传统的"企业规模"升级为"吨矿综合成本敏感度"，使新产品开发精准度提升37%。

  其后，企业需构建专业化销售团队，明确直销模式的适用场景与能力要求，并通过多元化渠道策略扩大市场覆盖率。渠道选择需综合考虑市场渗透率、渠道成本及管理复杂度，并建立渠道健康度评估模型动态优化渠道布局。此外，企业还要在工业品市场中树立一定的品牌形象，通过广告、展会、网络营销等方式提升品牌知名度和美誉度。同时，企业还应注重客户关系管理，通过全生命周期管理提升客户满意度和忠诚度。

企业的营销活动需要建立完善的绩效评估体系，主要指标如客户获取成本、客户生命周期价值、渠道利润率、终端覆盖率、品牌提及率，以对效果进行监控和分析，应对市场变化和竞争压力。通过科学的营销战略规划与动态优化，企业可在工业品市场中建立可持续的竞争优势，实现从"产品交付"到"价值共创"的升级。

人员、渠道与广告

工业品营销的核心环节是 4C 营销框架。尽管渠道管理和品牌传播是辅助职能，但是对某些类别的工业品来说，作用仍然较大。从资金和资源的角度来看，人员、渠道与广告是工业品营销活动的主要投入维度。

目标设定决定了销售人员的数量和类型，包括电话营销员、一线销售代表、产品专家及客户专家等。确定销售人员数量的方法需基于对工作量的深入分析。例如，若一名销售人员每月能拨打 96 个销售电话，而企业有 96000 名客户，企业如果希望每月与每位客户通话一次，则需要配备 1000 名销售人员。

此外，企业需要综合考虑企业市场地位与客户生命周期价值，若企业市场地位较低，则需要投入更多营销资源，客户生命周期价值越高，分配的营销资源也应越多。当企业拥有多元化产品时，单一销售人员就难以掌握所有产品信息，企业则需要设置产品专家提供支持，也要按产品类别对销售人员进行划分。例如，惠普公司（Hewlett-Packard Inc.）将销售人员分为多个部门，分别负责计算机、电子检测设备、医疗检测设备和分析检测设备等产品的销售。

企业还可以根据客户规模分类提供服务，为大客户指定专门的战略客户经理或客户专家。在复杂产品线场景下，矩阵式组织成为主流，华为对公司业务设置"客户经理＋方案专家＋交付专家"的铁三角，技术销售比达1∶2.3，较传统模式项目成功率提升了41%。销售人员到位后，还需要通过销售配额和绩效薪酬计划对其活动进行引导。

销售渠道的重要性源自高昂的建设成本、复杂的协调需求，以及快速适应市场新环境的能力。销售渠道贯穿于产品由制造企业向用户转移的全过程，旨在提供空间上的便利与时间上的效率。企业难以独自承担如产品分类、运输、配送、促销、服务及风险承担等所有渠道职能，中间商应运而生，由它们负责执行部分职能。

在渠道成员角色方面，工业品市场形成四层协作生态，包括授权分销商、技术增值伙伴、平台型经纪机构和服务运营商。渠道治理模式划分为交易型、管理型、契约型和公司控股型，每个企业都能从销售渠道的经济性框架和制度性结构中获益。现代渠道体系通过数字孪生技术实现全链路可视化，将传统"工厂—用户"的线性流程升级为具备弹性响应能力的价值网络，领先企业通过职能解耦实现专业化分工，多数工业品制造商采用混合渠道模式。其中核心部件直销占比在一半以上，标准件交由战略分销商运营，这种结构显著提升了库存周转率。

第三章
战略与规划：机会聚焦与价值选择

工业品企业树立品牌的三种主要方式为广告、公共关系及商业展览。由于工业品市场中购买者相对理性且注重实际，价格、产品性能及系统化服务成为关键因素，这些因素削弱了广告的效果，使得面对面的互动更为有效。工业品广告主要用于提升公司和产品的知名度，建立认同感并引导客户。工业品广告始于明确的、可以与购买者的预期定位或行动相关联的沟通目标设定，并包含对目标受众的描述，传播媒体包括行业出版物、行业门户或交易网站、电子邮件等。公共关系也是品牌建构的重要途径，涉及政府决策影响等多个方面。商业展览作为重要的营销组合因素，结合了大众传播与个人传播的特点，对购买者而言至关重要，因为它提供了寻找卖主的平台。商业展览规划包括展前准备、展台活动及展会后续跟进。与其他营销传播形式一样，展会需设定具体的、可衡量的目标，展会种类繁多，可以面向全国、全球或特定行业受众，展会选择的基础是参访者中潜在客户的数量及展会经理收集的信息。

工业品营销目标

战略性营销目标的确立要基于市场细分、产品和服务定位、明确渠道结构和人力资源规划，是营销业务开展的第一步。SMART原则[①]是制定有效目标的重要框架：首先，目标应明确具体，不能含混不清，例如"提高销售额"不如"将销售额提高10%"具体；

---

① SMART原则，一种目标设定方法，具体指：Specific，具体的；Measurable，可衡量的；Attainable，可达到的；Relevant，相关性的；Time-bound，有时限的。

其次，目标应可衡量，以便跟踪进展和评估结果，例如"增加客户满意度"可以通过"客户满意度调查评分提高到90%"来衡量；再次，目标应现实可行，既具挑战性又不过于困难，例如"一个月内增加50%的市场份额"，不如"一年内增加5%的市场份额"切实可行；再次，目标应与组织整体战略相关，不能无关联或相互矛盾；最后，目标应有明确的时间限制，例如"在六个月内完成新产品销量200万台"。营销目标可能涉及多个细分市场，例如塑料部件制造企业可能销售产品给计算机制造企业、消费电子制造企业、航空航天制造企业等。

在目标设定过程中，企业时常面临两大挑战。首先，实现战略目标的有效措施往往不够直观。设定营销目标时需要综合考虑市场机会、营销策略和资金预算等因素，难点在于如何将这些因素整合为恰当的、以数字形式表达的目标。其次，营销目标涉及销量、营业收入、利润、部门活动等多个方面，而这些目标之间往往难以自动协调一致。例如，企业广告强调服务质量，却在商业展览会上强调低价，这种冲突信息容易造成客户混淆或信任丧失，因此企业应对营销目标进行整合和分解。

营销规划的重要职能是确保一定期限内营销总产出超越总投入，营销预算是实现这一职能的关键工具。若销售人员自行承担销售费用并直接获得提成，则无须预算；若其工资分为固定部分和提成部分，则需要单独计算营销预算。营销预算主要包括广告预算与人力成本预算。

目标任务法是最有效的预算方法，包含确定目标、制定战略与估算成本三个步骤。这种预算方法要求决策者具备平衡需求与资金的能力。目标任务法的独特之处在于战略制定先于预算确定,其优势包括:预算过程中的障碍较少,可实时检验战略实施效果,而非仅关注效率与成本;以战略为驱动,而战略以目标为基础,预算则以与目标相匹配的任务为依据。决策者要明确预算限制,客观比较不同方案间的差异,以调整战略达成最优。

预算及预算制定过程还会带来计划、协调与控制等多重益处。预算设定了行动的界限,简化了营销经理的决策过程;若预算不合理,协调发生在预算确定之后,会因资金分配问题受阻,因此完善的预算有助于协调。预算过程采用的计划与控制原则,能够促使企业聚焦执行战略,以及维持营销过程所需的资源。

工业品营销路径

在营销规划的制定中,设计营销路径的核心动因在于营销资源的有限性。即便企业充分考量自身的融资潜能,其可支配的总资金依然面临诸多约束,因此,如何高效利用有限的资源,循序渐进地扩大营销规模,成为很多企业面临的战略课题。若规划合理,上一个经营周期累积的收入和利润,能够为下一个周期的营销活动提供必要的资金支持,直至最终达成既定的营销目标。然而,若缺乏科学合理的路径设计,企业可能会在某一时刻面临资源枯竭的风险,进而危及经营和营销目标的实现。由此可见,营销路径规划是企业营销战略的重要组成部分。

营销路径的设计

营销路径的设计不仅关乎渠道、人力、广告等营销活动的成本效益分析，还与企业的成长轨迹紧密融合。企业的成长轨迹是一个复杂多变的动态系统，涵盖多个发展阶段和关键要素，要求企业在不同阶段采取针对性的策略与行动。企业可以通过精准市场定位、产品优化设计、高效运营管理、深度客户管理、持续创新推动、稳健财务管理、积极组织文化建设和卓越领导力等方面的连续努力，来实现持续稳健的发展。尽管各企业的成长路径各具特色，但是成功的企业往往拥有共同的关键要素和成功经验。

在初创阶段，企业主要致力于验证商业理念的可行性，创始人通常会开发原型产品，并积极寻求客户反馈。此时，营销资源的配置应侧重于人力资源建设，尤其是对于那些数量有限且至关重要的销售人员。

进入早期发展阶段后，企业会不断优化产品或服务，通过持续迭代找到满足市场需求的最佳产品形态。一旦产品与市场实现有效对接，企业便会着手扩大市场覆盖范围，此时，营销资源的配置应聚焦于销售团队的建设，并构建相应的组织结构。

在扩展阶段，企业需要建立更为高效的运营流程和管理体系，以支撑业务的快速扩张，此时，营销资源的配置应重视渠道结构与体系的建设，并加强对渠道的管理能力。

步入成熟阶段的企业，已在市场上占据一定份额并具备较强竞争力，企业就要专注于巩固自身的市场地位，并通过创新和品牌建设强化自身优势，此时，营销资源配置应侧重于广告投入和品牌建设。

分解营销工作内容

通过与企业成长轨迹的紧密匹配,企业可以清晰地界定营销工作内容和重点。其后,企业需要将这些职责内容具体分解到每个阶段和相关部门。这一过程主要包括目标细化、计划制订、里程碑设定、资源调配、构建监控和评估体系。

目标细化

目标细化是将整体营销目标拆解为更小、更易管理的子目标或任务,例如将"在两年内提升市场份额10%"的目标细化为季度或月度目标。

计划制订

计划制订是为每个子目标制订详细的行动计划,明确具体任务、责任人员及完成时限,例如市场推广计划应包含广告投放、社交媒体营销、客户反馈收集等具体内容。

里程碑设定

里程碑设定是在行动计划中设置关键节点,以便定期评估进展,例如"新产品成功上市"或"华南区域市场销售额突破10亿元"。

资源调配

资源调配是确保每个行动步骤都能获得充分的资源支持,包括人力、财力和技术资源。责任机制构建是为了明确每项任务的负责人，确保每个人都清楚自己的职责范围。

构建监控和评估体系

构建监控和评估体系，便于企业定期检查行动计划的执行情况，可以利用关键绩效指标衡量营销活动进展，并根据实际情况对营销计划进行必要的调整。

案例 3-3　ABB 在中国市场的创新战略

作为全球工业自动化领域的领军企业，ABB 在中国市场的战略目标是通过实施创新战略，推动业务增长，提升市场份额，并加强其在工业自动化和电力技术领域的领导地位。ABB 实施"China for China（即围绕中国市场需求、政策法规及文化特点进行针对性调整，以实现可持续的商业成功）"的创新战略，该战略体系包含五大模块。

第一大模块是市场调研与需求分析。ABB 首先对中国市场进行了深入的市场调研，了解行业趋势、客户需求及竞争对手的动态，ABB 的市场团队通过与客户沟通、参加行业展会、分析市场报告等方式，收集了大量关于中国工业自动化和电力技术市场的信息。

第二大模块是创新技术研发。基于市场调研的结果，ABB 加大了在创新技术领域的研发投入，致力于开发符合中国市场需求的新产品和解决方案。ABB 在中国建立了多个研发中心，与本地高校和研究机构合作，共同开展前沿技术的研发工作，在机器人技术、智能电网、电动汽车充电设施等领域取得了显著的创新成果。

第三大模块是产品与服务本地化。为了适应中国市场的特殊需求，更好地满足中国客户的期望，ABB 对产品和服务进行了本地化调整，并针对中国市场的特殊环境和客户需求，对产品进行了定制化设计，从而提供更加灵活的服务模式。

第四大模块是市场拓展与品牌建设。ABB 通过多渠道的市场拓展和品牌建设，提高了其在中国市场的知名度和影响力。它积极参加各类行业展会和论坛，展示其最新的技术和产品，并通过广告、社交媒体等渠道进行品牌宣传，从而加强了与中国客户和合作伙伴的沟通与合作。

第五大模块是合作伙伴关系建立。ABB 重视与本地合作伙伴的合作关系，通过与优秀的企业和机构合作，共同推动业务的增长和发展。它与中国的多家知名企业和机构建立了战略合作伙伴关系，共同开展项目合作和技术交流。这些合作不仅有助于ABB 拓展市场，还提高了其在中国市场的竞争力。

通过实施以上战略步骤，ABB 在中国市场取得了显著的成绩，其创新技术得到了广泛认可，市场份额不断扩大，品牌影响力也得到了显著提升。ABB还通过与中国客户和合作伙伴的紧密合作，共同推动了中国工业自动化和电力技术领域的进步和发展。

■ 第四章

竞争与超越：产业谋略与超限思维

　　许多看似复杂甚至晦涩难懂的战略理论，实际上都在试图解释企业利润的来源。最简单的理解方式是利润源自市场和竞争。竞争作为企业获取利润的关键途径，在经营中发挥着重要作用。

　　企业可通过多种策略强化其竞争地位，例如，调整价格以扩大市场份额，通过规模经营或精益经营降低成本，实施产品与服务差异化，强化管理提升质量，塑造独特品牌形象，以及构建长期竞争壁垒。通过这些举措，企业可以在提供同质产品与服务时形成成本优势，或在相同成本下提供更高质量的产品与服务，从而在竞争中获取相对于同行的绝对利润空间。

第四章
竞争与超越：产业谋略与超限思维

■■■■ 行业内竞争：明确内部竞争要素和格局

竞争作为企业经营中不可或缺的考量角度，既是企业内部经营行为的直观反映，也是一种重要的外部环境维度。

对于工业品企业而言，在制定和执行竞争策略的过程中，先要深入分析和明确企业的外部竞争环境，包括行业关键竞争因素、市场份额分布、竞争对手优势及潜在竞争威胁。再通过这种分析制定出既符合自身实际，又能够有效应对外部挑战的竞争策略，从而为企业的长远发展奠定坚实基础。

行业周期与关键成功要素的关系

竞争在理念上是一个必然角度，但是在实践中体现为几个具体因素。一个市场的参与者往往会围绕有限的几个关键因素展开竞争，是不会出现抽象的全面竞争的。这些关键竞争因素就是行业的关键成功要素，它们与行业所处的发展周期直接相关。

行业周期的四个阶段

行业周期通常分为四个阶段——导入期、成长期、成熟期和衰退期，每个阶段都有其独特特征和挑战，会浮现出不同的关键成功要素，需要企业采取不同的竞争策略应对。

导入期

在导入期，市场需求尚未完全显现，技术和产品仍在开发和完善中。此时的关键成功要素包括创新能力、技术研发和市场培育。成功的企业通常会投入大量资源进行新产品研发，它们需要通过不断创新和技术突破来吸引早期用户，从而提高消费者对新产品的认知和接受度。

成长期

进入成长期，市场需求迅速增长，行业参与者增多。关键成功要素转向生产效率、规模经济和市场扩展。企业需要提高生产效率以满足快速增长的市场需求，也要扩大市场份额和建立品牌认知度。企业在这一阶段需要灵活应对市场变化，快速调整生产和营销策略，以建立和保持竞争优势。

成熟期

在成熟期，市场需求趋于稳定，竞争进入白热化阶段。此时的关键成功要素包括品牌忠诚度、产品差异化和成本控制。企业需要通过品牌建设和产品差异化保持自身的竞争优势，同时通过精细化管理和成本控制来提高盈利能力。成熟期的企业通常会面临市场饱和和增长放缓的挑战，因此需要通过优化内部流程和提升服务质量维持市场地位。

衰退期

在衰退期，市场需求下降，行业进入调整阶段。在这个阶段的行业关键成功要素包括市场细分、产品线优化和业务转型。企业需要通过市场细分寻找自身新的增长点，同时通过产品线优化和业务转型适应市场变化。成功的企业会在这一阶段积极探索新的业务领域，寻找新的利润增长点来应对市场萎缩的挑战。

行业关键成功要素与行业周期的关系

行业关键成功要素是随着行业周期的不同阶段而不断变化的。企业只有在变化中找到关键成功要素，并以此为依据建立竞争策略，才能与对手展开有效竞争。

行业关键成功要素还受到外部环境的影响，如政策变化、技术进步和市场趋势等。例如，政策变化会影响行业的进入壁垒和竞争格局，技术进步可能会带来新的市场机会和挑战，市场趋势则可能影响消费者的需求和偏好。所有这些外部环境都有可能拖慢或者加速行业周期的演进,企业需要密切关注这些外部因素,及时调整对关键成功要素的界定,以建立动态的竞争策略。

行业内部竞争格局

在波特五力模型[①]中,竞争是一个延伸的概念。它包括行业内竞争者、上游供应商、下游购买者、潜在进入者和替代者,由此描述的竞争格局是广义的。然而,任何一个企业的竞争压力都首先来自行业内部,也就是与企业从事同类业务、提供同类产品与服务的企业群。由这些企业的数量及优势、市场份额的分布形成的竞争格局,会直接影响企业在市场中的竞争地位与利润水平,是企业竞争需要考量的首要因素。相对于波特五力模型,行业内部的竞争格局是狭义的。

企业数量是衡量行业竞争程度的基本指标之一

企业数量多,意味着市场竞争激烈,进入门槛较低;反之,企业数量少,可能是行业进入壁垒高,市场集中度高。例如,科技行业通常有大量初创企业,航空制造业则由于高技术和高资本的要求,企业数量相对较少。

---

① 波特五力模型是由美国"竞争战略之父"迈克尔·波特(Michael E. Porter)提出,用以分析行业竞争格局。

行业集中度是衡量市场份额集中程度的重要指标

行业集中度通常用 CR4 或 CR8（前八大企业市场份额之和）来表示。高集中度（如 CR4 > 50%）表明市场由少数几家大企业主导，竞争较少，市场趋于寡头垄断；低集中度（如 CR4 < 20%）则表明市场竞争激烈，企业数量多，市场趋于完全竞争。

三四法则有助于企业理解市场结构和竞争态势

管理学家布鲁斯·亨德森（Bruce Henderson）提出的三四法则指出，在一个成熟市场中，有影响力的竞争者数量不会超过三个，其中最大竞争者的市场份额不会超过最小者的四倍。具体来说，市场份额最大的企业通常占据 40% 左右，第二大企业占 20%~30%，第三大企业占 10%~20%，其余企业分享剩余的市场份额。这一法则有助于企业理解市场结构和竞争态势，从而制定相应的竞争策略。

分析市场份额分布形态的三种方式

第一种，借助洛伦兹曲线来分析市场份额。将市场中的企业份额从小到大排序，计算出累计企业数量和累计市场份额的分布情况，曲线越接近对角线，表明市场份额分布越均匀。第二种，基尼系数。基尼系数量化了市场份额分布的不均衡程度，数值越接近 0 表示分布越均匀，越接近 1 表示分布越不均匀。第三种，长尾理论。长尾理论指出，在互联网和数字经济时代，市场需求呈现出多样化和个性化的趋势，少数头部企业占据大部分市场份额，但大量小企业也能通过满足细分市场需求获得可观的市场份额。

分析行业内部竞争格局需要综合考虑企业数量、行业集中度、三四法则和市场份额的分布形态等因素，以便企业了解市场结构和竞争态势，从而制定有效的竞争策略，保持市场竞争力。例如，在一个高集中度的行业中，少数几家大企业占据主要市场份额，竞争主要集中在这些大企业之间；而在低集中度的行业中，市场竞争激烈，企业数量多，市场份额分布较为均匀，企业需要通过差异化和创新获得自身竞争优势。

关键竞争对手

行业周期演进是由行业发展推动的，竞争格局则是在行业发展中演化的。然而现实中并不存在必然的行业发展。在某种意义上，可以将行业发展与行业内头部企业或关键企业的创新行为视为同一事件。因此，准确界定行业内的关键竞争对手，掌握其重大经营举措和战略方向，就能制定符合企业自身实际的竞争策略和相应的经营举措。

工业品企业在开展关键竞争对手研究时，应该采用综合性的分析架构，从竞争对手的历史沿革、战略规划、运营效能、运营模式、技术创新、技术分析、财务状况及核心优劣势等多个维度进行深入剖析，提炼关键竞争对手的优势与潜在劣势，并与自身的优劣势进行对比，扬长避短，制定符合自身发展的竞争策略。

历史沿革

研究竞争对手的历史沿革，追溯竞争对手的历史发展轨迹，包括了解竞争对手的发展历程、成立时间、重大事件、市场扩展等，有助于企业把握其成长和战略轨迹。

战略规划

研究战略规划主要指分析竞争对手的战略导向，包括市场定位、扩张计划及竞争策略，以便企业从宏观层面明确对手当前的业务、规模、盈利、目标，包括长期和短期目标、市场定位、产品线规划、业务定位等。

运营效能

考察运营效能主要指考察竞争对手的运营体系，涉及生产效率、供应链管理和成本控制。

运营模式

研究竞争对手的运营模式，包括研究竞争对手的生产流程、供应链管理、质量控制等方面，以便了解其运营效率和管理水平。

技术创新

技术创新是指评估竞争对手的技术实力，包括关注其研发投入、专利布局及新产品开发。

技术分析

技术分析是指评估竞争对手的技术水平和研发能力，关注其专利、技术创新、产品开发等方面的表现。

财务状况

企业审视竞争对手的财务状况，包括分析竞争对手的盈利能力、资产结构和现金流，以及其收入、利润、成本结构、资本支出等方面的情况，从而评估其财务的健康状况和市场竞争力。

核心优劣势

研究竞争对手的核心优劣势，以便企业识别竞争对手的核心竞争力和潜在的弱点，包括其品牌影响力、市场份额、客户忠诚度等多个方面。通过与自身的优劣势进行对比，制定相应的竞争策略。

通过这种综合性的分析，企业可以更全面地了解关键竞争对手的优势与劣势，制定更有针对性和实效性的竞争策略，从而在激烈的市场竞争中保持和提升竞争力。

案例 4-1　华为与思科在通信领域的竞争

华为和思科公司（Cisco Systems, Inc.，思科）都是全球领先的通信和计算机网络设备供应商。思科早期在全球网络设备市场中占据主导地位，华为最初专

第四章
竞争与超越：产业谋略与超限思维

注于国内市场。随着全球数字化转型的加速，路由器、交换机等网络设备市场迎来巨大机遇，也加剧了行业内竞争，华为开始向国际市场拓展，与思科形成正面竞争。

思科的策略是利用其市场地位和技术优势，通过控制私有协议不对任何第三方转让的方式形成对客户的控制。华为在研究思科这一关键竞争对手时，首先回顾了思科的历史沿革，了解其长期积累的行业经验与市场地位。接着分析了思科的战略规划，特别是其在企业级网络解决方案市场中的强势地位。在运营方面，华为重点考察了思科的生产效率、全球供应链管理和客户服务体系。在技术层面，华为关注到思科强调技术创新和高端市场的策略，以及其在路由交换、网络安全等领域持续投入研发资金，取得一定数量的专利组合并探索前沿技术。在财务状况方面，华为评估了思科的盈利能力、现金流状况、资本结构优化程度及强大的资本化能力。

在上述基础之上，华为识别出思科的关键优势在于成熟的技术解决方案、广泛的客户基础和品牌影响力，也识别出其可能存在的劣势，如对新兴市场的适应性挑战、快速响应能力和灵活定价策略。

据此，华为调整了自身的竞争策略，加强了在技术创新、成本控制和新兴市场开拓上的投入，有效提升了自身的竞争实力。其后，华为凭借高性价比的产品和优质的售后服务，迅速地占领了国际上的新兴市场，并在国内市场取得了绝对优势。与思科相比，华为产品价格上的优势，使华为在拓展新兴市场和发展中国家市场时更具竞争力。

经过多年竞争，华为在全球网络设备市场的份额不断上升，整体营收和市场份额稳步增长，思科则面临一定的市场份额压力，尽管其在全球交换机市场中仍保持领先，但是整体营收增长放缓，中国的市场份额更是大幅下降。这一案例充分展示了深入分析关键竞争对手的优势与劣势，制定并实施有效的竞争策略的重要性。

第四章
竞争与超越：产业谋略与超限思维

■■■■ 竞争内涵延伸：产业利润的获取和防御

波特五力模型是迈克尔·波特在20世纪80年代初提出的用于分析行业竞争态势的工具。这一模型已成为企业在竞争分析中不可或缺的重要框架。在波特五力模型中，虽然上下游的企业并不直接参与企业的业务竞争，潜在进入者和替代品也不会对企业造成即时的竞争压力，但是这些因素会通过影响企业的定价权进而影响企业利润的多寡。

因此，波特五力模型实际上是一个利润竞争模型，而非业务竞争模型，是一种广义的竞争概念。由于来自市场份额增加的净利润和来自价格提高的净利润在货币计量上完全相同，因此五种影响力中的每一种力量，都与行业内部竞争同等重要。这一模型有助于企业识别和评估影响其盈利能力的外部因素，制定相应的战略，增强企业竞争力。

上游供应商

如果制造企业的产品过度依赖于某一家或少数几家原料供应商，它将极易受到原材料价格波动或供应商其他"不合理要价"行为的影响。供应商的集中度越高，其议价能力往往就越强。此外，供应商的议价能力还与其所提供的产品或服务在买方成本中的占比、对买方生产流程及产品质量的影响力等多个因素密切相关。以汽车制造行业为例，芯片零部件的供应商如英特尔、英飞凌科技股份公司（英飞凌，infineon）等相对集中且替代品稀缺，因此它们拥有较强的议价能力。在钢铁行业，宝钢的成本结构主要由铁矿石和煤电构成，其中铁矿石的进口依赖度高达约99%。而全球铁矿石产量中超过一半来自巴西淡水河谷公司（淡水河谷，Companhia Vale do Rio Doce）、力拓集团（力拓，Rio Tinto Group）、必和必拓公司（必和必拓，BHP Billiton Ltd. - Broken Hill Proprietary Billiton Ltd.）及福斯特斯克金属集团（福斯特斯克，Fortescue Metals Group）这四大国际矿山公司，这使宝钢在面对上游供应商时的议价能力相对较弱。

与其他供应商不同的原料也可能成为企业实现差异化的重要手段。例如，桌面电脑上的"Intel inside"标签就向消费者明确传达了产品搭载的是高性能的奔腾处理器，这种标识帮助PC企业打造出了差异化的产品形象。因此，企业在采购原料时，除了考虑采购价格这一直接因素外，还需要全面评估与强势原料供应商合作可能带来的各种潜在利益。

下游购买者

面对工业品众多的市场，那些能够签订大额购买合同的大客户具有极强的吸引力。然而，大额采购者往往会在价格谈判中向供货方施加巨大压力，压缩其利润空间。也有可能会延迟付款或要求退货，给企业资金流转带来压力。购买者的议价能力，即它们对产品和服务价格的影响力，通常与其集中度成正比。购买者越集中，议价能力通常越强。

在工业设备制造行业，大型企业如通用电气和西门子的采购量大且供应商对它们的依赖度高，使其具有较强的议价能力。在水泥行业，水泥的下游需求主要分布在地产建筑、基础设施建设及农村地区。其中，建筑商的集中度相对较低，而农村需求更是分散，因此这个行业的企业缺乏统一的议价能力。由于水泥的单价较低，运输成本相对较高，水泥市场呈现出明显的区域性特征。因此，在一定区域内，水泥销售公司相对购买者而言具有较强的定价权。

潜在进入者

快速成长或高利润的市场往往吸引新的售卖方进入，这些新进入者会通过多种方式改变原有的竞争格局。随着新进入者的加入，行业产能增加，但是这会导致行业总产能与市场总需求之间的对比发生变化，为了弥补增加的固定成本，市场现有的需求必须足够大。新的竞争者通常会采取低价策略争夺市场份额，对现有企业的利润率造成压力。此外，新竞争者会投入新的或更丰富的资源，包括专有技术／雄厚的资金等，这些资源为行业带来新的生产能力和资源的同时，会对现有企业的市场份额和利润构成一定的威胁。

规模经济、产品差异、资本需求、转换成本及政府行为与政策等因素都可能构成进入障碍。在半导体制造行业，由于研发成本高昂且技术壁垒显著，新企业很难进入。在环保行业，尽管有政策支持和市场需求，但是新进入者仍需面对技术壁垒和资本需求的双重挑战，现有从事大气污染治理产品开发的公司则需要投入大量资源进行技术研发和设备更新，以维持其行业领先地位，这也为潜在进入者设置了障碍。

替代品

替代品是指与本企业产品具有相同或类似功能的产品。在一个差异化的产业中，产业内的替代品会对价格产生重大影响。例如，在货运行业，货主可以选择铁路或飞机等多种运输方式，这就需要货运企业必须通过竞争的方式争取货主的业务。同样，软饮料可以选择玉米糖浆或蔗糖作为甜味剂。医院的采购经理在比较不同诊断设备生产商的价格和性能时，可能考虑独立实验室所提供的服务。

如果营销研究仅仅关注客户，忽略了其他竞争维度，那么很有可能导致企业对竞争环境理解片面。因此，替代品的影响力已成为

第四章
竞争与超越：产业谋略与超限思维

营销竞争分析中的重要一环。

替代品的价格越低、质量越好，其对产业现有产品产生的竞争压力就越强。在工业自动化领域，随着技术的不断进步，一些传统的工业设备正在被更智能、更高效的自动化设备取代。例如，传统的继电器控制系统正逐步被具有更高的灵活性、可靠性和可维护性的PLC（可编程逻辑控制器）系统取代。

综合分析这五种力量（行业内竞争者的情况见P114的"关键竞争对手"），有助于企业更全面地理解其所处行业的利润空间，对竞争格局产生更深入的思考，从而制定出有效的竞争战略。

案例4-2 卡特彼勒对五种竞争力的应对

卡特彼勒是全球领先的建筑和矿业设备制造企业。2024年全球前十大制造商市占率高达65.2%，卡特彼勒以23.7%的份额稳居榜首，在高度集中的全球工程机械行业市场格局中持续领跑。卡特彼勒通过不断的技术创新和产品升级保持自身的竞争优势，其他企业则在价格和售后服务方面建构自身的竞争优势。

工程机械行业的上游供应商的议价能力较强，特别是钢铁等原材料价格的波动直接影响企业生产成本。为了降低供应商的议价能力，卡特彼勒与全球多个供应商建立了长期合作关系，并通过优化供应链管理来降低成本和提高供应链的稳定性。卡特彼勒与全球46

家核心供应商签订十年期战略协议，锁定75%的钢材用量，并且部署区块链供应链系统，将原材料库存周转率提升至行业均值的1.8倍，还在北美建立3D打印备件中心，使高价值部件本地化生产率高达82%。

卡特彼勒的下游应用行业广泛，客户众多，行业对下游的议价能力较强。卡特彼勒的客户包括大型建筑公司和矿业企业，这些客户对价格和服务质量有较高的要求，卡特彼勒通过高质量的产品和差异化服务来增强客户黏性。它不仅提供标准化的工程机械设备，还根据客户需求提供定制化解决方案，以及金融服务和租赁服务。例如，它为力拓集团定制的矿山自动化解决方案，使其矿石运输成本下降了1.2美元/吨。卡特彼勒还推出按小时付费的租赁模式，当设备利用率低于65%时，会自动触发费用减免条款，该模式使客户留存率提升至91.3%。

在行业内部，卡特彼勒面临日本株式会社小松制作所（小松集团，Komatsu Ltd.）、日立建机株式会社（日立建机，Hitachi Construction Machinery Co., Ltd.）等强大对手的竞争。为了应对这种挑战，卡特彼勒通过持续的技术创新方式推出了先进的自动化和远程控制技术。卡特彼勒还重视产品设计，在挖掘机、装载机和推土机等核心产品上持续进行技术升级，并不断推出新产品。

第四章
竞争与超越：产业谋略与超限思维

由于建筑和矿业设备市场需要大量的技术和资本投入，新进入者的威胁相对较小。然而，卡特彼勒仍保持警惕，并通过不断提升技术水平巩固其市场地位，还利用其在全球范围内建立的强大经销商网络来保持市场壁垒。

为此，卡特彼勒构筑了三重防护壁垒。第一是技术专利墙，卡特彼勒持有14387项有效专利，其中23%涉及零排放技术。第二是全球经销商网络，其覆盖了193个国家的168家代理商。第三是客户数据资产，卡特彼勒的数据平台接入了87万台客户设备的实时数据。卡特彼勒的这三重防护壁垒将新进入者的市场渗透成本直接推高至28亿美元基准线。

在建筑和矿业设备市场，替代品的威胁主要来自其他行业因新兴技术的发展产生的跨行业进入。卡特彼勒在智能化和环保技术方面进行了大量投资，推出了智能挖掘机和节能设备，以满足市场对高效、环保设备的需求，从而应对智能和环保行业的跨行业潜在威胁。在应对跨行业替代威胁方面，卡特彼勒的智能施工解决方案中标新加坡智慧城市项目，成功抵御欧特克软件有限公司（欧特克，Autodesk）等IT巨头的竞争。其氢燃料矿用卡车原型机在智利测试中实现单次加注续航1200公里，较传统柴油设备减排83%，预计2026年量产，将为其构筑新能源技术的护城河。

卡特彼勒在全球建筑和矿业设备市场保持的领先地位，与成功应对各种竞争力量密不可分。通过系统化应对波特五力竞争模型中的各方压力，卡特彼勒2024年全球营收达542亿美元，营业利润率保持在17.2%的高位，持续领跑全球工程机械产业及其变革。

第四章
竞争与超越：产业谋略与超限思维

▪▪▪▪▪ 制定竞争策略：外部环境转化为内部行为

　　企业营销离不开企业组织系统资源的支持和配合。内部导向的直接后果是企业资源配置被无形切割，组织效率降低；同时产生高大的"部门墙"，导致信息孤立、利益对立、沟通不畅、策略冲突等一系列管理乱象出现。总结无数成功企业的经验发现：第一，任何企业内部矛盾的产生均源自企业组织内部导向的问题；第二，外部导向的企业往往能够获得更多的市场机会，具备更好的运营效率，在波涛汹涌的市场竞争中获得提升并发展壮大。

　　企业营销活动必须依托组织系统资源的支持与跨职能协同，内部导向型管理将引发双重组织困境，资源配置因部门本位主义产生碎片化割裂，运营能效衰减。同时，催生结构性部门壁垒，形成数据孤岛、利益本位主义、协同阻滞及战略失焦等典型管理熵增现象。

《哈佛商业评论》通过对世界 500 强企业实证研究发现两个结论：其一，组织内耗的 78.6% 根源在于内部导向引发的价值流错配；其二，市场导向型企业通过客户映射与价值流重构，机会捕获效率提升 2.7 倍、运营成本下降 19%，在变化环境中成功构建持续竞争优势的概率高达 89%。

影响工业品客户类型定位的因素

同一种产品的多个供应商在面对同一个客户时，其产品的类型定位往往是不同的，某供应商认为该客户是内在价值型客户，而另一个供应商则有可能将该客户定位为外在价值型客户，还有某些供应商又会将其视为战略价值型客户。

总的来说，影响客户类型定位的因素有产品的技术复杂性、产品的销售重要程度、技术服务的需求度和管理服务的需求度。

产品的技术复杂性

产品的技术复杂性决定了产品的可替代性和应用诉求程度，也决定了客户对于价格的敏感度差异。例如，原材料的技术复杂性低，可替代性强，价格较为敏感；而集成系统的技术复杂性高，替代性弱，产品利润空间较大，尤其是对于以产品为核心的一揽子解决方案具备更大的议价能力，也是供应商结合其产品结构来形成解决方案的机会点。

产品的销售重要程度

供应产品在客户产品结构中的重要程度，直接决定了客户产品的销售价格。这主要是由产品的品牌力、成本占比和产品重要性类型三个要素决定的。品牌力是指对于终端用户的品牌影响力的大小，成本占比是指供应商产品在产品成本结构中的比重，产品重要性类型是指工业品产品的属性是核心部件（设备），还是辅助部件（设备）。三者共同决定了产品的销售重要程度，例如发动机对于汽车、车桥对于采矿工程车、芯片对于电脑等。

技术服务的需求度

技术服务的需求度，是客户对供应商在产品技术复杂程度的基础上衍生出的技术服务需求，其针对产品技术问题提供技术服务需求的迫切程度，是由客户与供应商在技术水平上的实力差距决定的。例如，将供电设备销售给最终用户与销售给系统集成商，在技术服务需求上的差异是较大的。最终用户往往对设备缺乏技术了解，系统集成商则具备较强的技术能力，甚至某些系统集成商比厂家更了解设备的应用特性。

管理服务的需求度

管理服务的需求度是客户面对供应商提供的产品衍生出的管理能力的需求。例如，在战略规划制定、计划制订、营销策略、产品开发、产销协同、组织建设等方面，供应商能否为客户提高效率，主要是由供应商与客户在管理能力上的差距决定的。客户希望在与供应商的合作中获得的不仅是产品，还有竞争能力。

因此，可以说客户类型是动态的，不是一成不变的，是由供应商能够向客户提供的价值大小决定的。而这种价值的大小，由产品技术复杂度、销售重要程度和服务需求度（技术服务／管理服务）三个维度组成。产品技术复杂度分为高、中、低三级，销售重要性分为大、中、小三级，服务需求度分为强、中、弱三级。三要素与客户类型之间的关系见表4-1。

表4-1 客户类型与三大核心价值要素之间的关系

客户类型	技术复杂度	销售重要性	服务需求度
内在价值型	中、低	中、小	弱
外在价值型	高、中	大、中	中
战略价值型	高、中	大、中	强

例如，同力重工（陕西同力重工股份有限公司）对于汉德车桥（陕西汉德车桥有限公司）来说就是战略价值型客户，车桥产品作为工程车的构成元素之一，其技术复杂度较高，且同力重工的工程车属于矿山环境下的特种车辆，因此对于技术服务需求要求会更高。同力重工希望汉德车桥不仅仅提供车桥产品，还要提供更为精准的技术服务和管理支持。

表4-2是三种不同类型客户营销事项的区别。

表 4-2 三种不同类型客户营销事项的区别

客户类型 营销事项	内在价值型	外在价值型	战略价值型
特性	标准项目，非常清楚，很容易被取代	有区别，量身裁衣，能力不明显	差异化的战略互补
双方关系	买卖，对立	存在共同利益基础，"客户—顾问"式的合作	战略伙伴的合作
销售特质	不需要，仅是传递的工具，无价值	以解决问题为主，增加利益	以公司对公司的团队销售为主
决策考虑点	价格，取得的方便性，反应速度的快慢	问题的严重性，解决方案是否符合需求，追求性价比和投入产出比	长期广泛的合作关系，长远回报
销售成功的关键	见到决策者	见到影响者，或发展"线人"	战略、技术与资源对接，高层关系

工业品企业的同业竞争策略

同业竞争策略实际上是优势策略，也就是要找到行业或企业的关键成功要素，企业据此配置资源从而培育自身的主要竞争优势。优势策略与行业周期、同业竞争格局、主要对手的经营举措、客户的类型与特征存在关联，同业竞争策略或者优势策略会随关键影响因素而变化，因此存在多种竞争策略。

低成本竞争策略

低成本竞争是竞争对手之间的资源消耗战，产品同质化程度高，比拼的是产品的价格和服务的效率，企业通过规模效应和流程优化降低成本，核心目标是以更低价格战胜对手。

竞争激烈程度最高的是明争，在争取内在价值型客户时该策略使用概率较高。企业与竞争对手直面竞争，胜者为王，所有的策略都是围绕着打败竞争对手设置的。在此策略的引导下，客户通常被动选择，上游企业只需击败竞争者即可获得客户订单。

性价比竞争策略

性价比竞争策略是低成本和差异化策略的平衡，适用于中端市场，在低成本竞争策略无法应用时相对有效。资源配置的方向既包括低成本举措，也包括技术创新，但是这种技术创新与行业重大的技术突破有显著区别，往往得到的是比相近成本的竞争对手性能略优越、成本略低廉的结果。例如德力西电气有限公司通过引进国外先进的生产技术和设备，提高了产品的生产效率和质量水平，注重研发创新，不断推出符合市场需求的新产品，如在智能电气设备和绿色能源领域的研发投入，使产品线更加多样化和高端化。同时德力西电气通过优化供应链管理、精益生产模式、大数据分析优化库存，降低了生产成本，使其产品在市场上具有极高的性价比。在国内电气市场上赢得了广泛的认可，销售业绩和市场份额持续提升。

个性化竞争策略

个性化竞争策略是市场极度细分的另一种表述，具体客户的认知和感受成为竞争对手争夺的核心。竞争策略的关键在于，更早获得和更多获取客户的需求信息,并在现有信息的基础上深入挖掘客户的需求信息。

企业获得竞争胜利的关键不在于比谁更狠,而在于比谁更懂客户。在争取外在价值型客户时该策略使用较多。

从事玻纤生产、玻纤制品和玻纤复合材料制造的工业品企业江苏长海复合股份有限公司(长海股份),在不断进行技术创新、自主研发设备和优化工艺的基础上,建立了按需定制的生产模式,为客户提供个性化的玻纤制品,通常涉及产品的设计、材料、工艺等多个方面的定制。

长海股份的生产线具有高度的灵活性,能够快速调整生产计划和工艺流程,其玻纤制品定制周期是行业均值的60%。长海股份还注重与客户的沟通和反馈,通过定期的客户访问、问卷调查等方式,了解客户的需求和意见。其在产品的个性化和定制化生产方面具有显著的优势和实力,公司能够为客户提供高质量、个性化的产品和服务,从而赢得竞争优势。

协同力竞争策略

协同力竞争策略,是指客户与其竞争对手之间的较量是企业考虑的焦点。企业关注的是,客户与自己的合作能否在客户所在的行业中获得更大竞争优势。这种竞争策略强调企业与客户关联的紧密性,企业要持续提供能力传递,不能将目光关注在一个产品或一个案子上,而是更多体现在能否为客户带来持续成长的能力。

这种竞争实际上是硬实力和软实力结合的竞争。该策略在争取战略价值型客户中使用较多，企业通常采取联合研发、能力转移、资源共享等形式与客户深度合作，实现共同成长，如华为与某车企合作开发智能座舱系统，助其缩短新车研发周期 8 个月。

工业品企业的产业竞争策略

产业竞争是由波特五力模型竞争分析架构中引出的一个竞争维度，不是与同业者在成本、质量和服务等方面的竞争，而是与上游供应商、下游购买者、潜在进入者争夺产业总利润的一种竞争。产业竞争力的体现形式往往是对原材料和产品价格的影响，也就是定价权的大小。从一定意义上来看，一个企业的定价权越大，产业竞争力就越强；定价权越小，产业竞争力就越弱。产业竞争策略往往围绕定价权的增强而形成，大部分行业里的中小企业运用产业竞争策略的空间较小。

上游集中策略

上游集中策略主要涉及供应商的议价能力。企业可以通过联合采购、集中采购、与供应商建立长期合作关系，增强自身在供应链中的地位，降低采购成本。例如丰田和本田等公司通过联合采购钢材和电子元件，不仅获得了更低的价格，还提高了供应链的稳定性和效率；宝钢和武钢集团于 2016 年合并成立的宝武钢铁集团联合采购平台，将各子公司的采购需求集中起来，采购量的增加使企业获得了更大的议价权，获得了更优惠的采购价格，成功地降低了采购成本。联合采购平台成立后的第一年采购成本就降低了约10亿元，供应商还能更及时地为其提供高质量的产品和服务，显著增强了其供应链的稳定性。

下游集中策略

下游集中策略主要涉及买方的议价能力。企业可以通过集中销售的方式与客户建立长期合作关系，从而增强自身在市场中的地位，提升销售效率。集中销售的典型案例是1960年欧佩克（Organization of the Petroleum Exporting Countries，石油输出国组织）的成立。创始成员国通过协调和统一石油政策与产量，影响了全球石油市场的供需平衡，进而对国际油价产生重大影响，并确保了石油市场的稳定和成员国的收入。

下游集中策略的实施需要企业具备一定的市场资源和实力，包括销售网络、品牌知名度、售后服务体系等。由于消费品的生产和销售面对的客户分散程度较高，大型企业采用下游集中策略比较容易取得效果，例如苹果和某国际知名电动汽车采用的直销策略。但是在工业品领域，企业下游分散度往往较低，常见的下游集中策略是需要企业与下游客户建立长期供应关系，形成独家供应局面，从而掌握价格主动权。

构筑进入壁垒

进入壁垒的高低决定新进入者的难易程度。企业可以通过构筑有效的进入壁垒来增强自身对上下游的议价能力，保护企业在产业中的地位和利益。进入壁垒包括规模经济、产品差异、资本要求、转换成本、分销渠道、政府政策及与规模无关的成本优势，而与规模无关的成本优势主要有经验曲线、专利技术、原料供应、地理位置等。

新进入者可能因为缺乏这些优势而难以在市场中立足。例如中芯国际集成电路有限公司（中芯国际）通过先进的制造工艺、专利技术和大规模生产能力，构筑了进入壁垒，新进入者需要通过大量的研发投入、研发时间和设备投入才能达到其技术水平和生产能力。中小企业构筑壁垒的案例是广东坚朗五金制品股份有限公司（坚朗五金）。坚朗五金是一家专注于建筑五金配件的企业，面对五金配件行业门槛低、竞争激烈、产品差异化程度低等问题，其通过创新服务模式构筑壁垒。企业打造了线上服务平台"坚朗云采"，实现了产品信息的线上展示、询价、下单、支付等全流程数字化，同时建立全国性的物流仓储配送体系，改变传统五金企业的分销局面，实现了库存的优化配置和快速响应客户需求。这一举措不仅提高了企业的运营效率和服务质量，还构成了坚实的技术壁垒，使竞争对手很难轻易模仿。

案例4-3 海螺水泥的"T型战略"建立低成本竞争力

水泥行业的技术和生产工艺成熟。水泥作为基础建设的重要材料，其需求量相对稳定，行业内企业之间的竞争主要体现在价格、技术创新方面。安徽海螺水泥股份有限公司（海螺水泥）是中国水泥行业的领军企业，其水泥产能超过3亿吨，享有"世界水泥看中国，中国水泥看海螺"的美誉。海螺水泥的"T型战略"是其成功的基石，这一战略形成的低成本竞争力，在资源整合、成本控制、市场拓展等方面发挥了关键作用。"T型战略"中的"T"由两部分组成，横代表沿海，竖代表沿江。在资源稀缺但是需求旺盛的沿海地区建设粉磨站（粉磨是将熟料与其他混合材料一起研磨制成水泥成品），在石灰石资源丰富的长江沿岸建立熟料基地，形成了"熟料基地—长江—粉磨站（消费市场）"的独特产业链，优化了资源布局，相比传统"工厂—公路—工地"，大幅度地降低了生产成本和运输成本。

经济发达的沿海地区，如长三角和大湾区，是水泥的主要消费市场，海螺水泥就在沿海地区大量收购小型水泥厂，并将其改造成水泥粉磨站，粉磨站利用从长江沿岸运输来的熟料，就地生产水泥成品，直接供应当地市场。广泛分布的粉磨站、中转库使海螺水泥能够快速地感知市场动向，并根据市场需求灵活调整价格，掌控市场主动权。

沿江地区拥有大量优质且成本低廉的石灰石资源，海螺水泥便在这里建设熟料生产基地。其结合自身技术优势，实现了资源优势、规模优势和技术优势的有机结合，最终以很低的成本生产出高质量的熟料。长江＋大海的水运方式也大幅度地降低了运输成本。熟料基地的大型熟料库提升了其存储能力，有效地缓解了库存压力，沿海市场广布的粉磨站、中转库则进一步消化了库存，实现了库存的精细化管理。

自1999年实施"T型战略"以来，海螺水泥不仅降低了生产和运输成本，还能够快速响应市场需求，成功地占领了华东、华南等水泥消费旺盛的市场，大幅度提升了企业的市场占有率。

"T型战略"充分展示了企业在资源分布不均、市场需求差异大的背景下，通过合理的产业布局和运输方式优化降成本、提高市场竞争力的可行性。

第四章
竞争与超越：产业谋略与超限思维

▪▪▪▪ **超越竞争：依靠产业谋略设计利润空间**

超越竞争不是企业追求与众不同的主观想法，而是企业在特定竞争环境下的一种必然抉择。当特定行业发展到企业难依靠低成本、高性价比、产品差异化或个性化等传统竞争策略持续成长，也无法通过产业内的竞争策略提升定价权以获取更多利润时，超越竞争的策略便成为企业获取利润的关键途径。这种策略侧重于运用非直接竞争手段来实现企业的盈利目标。

创造客户价值

亚马逊的创始人杰夫·贝佐斯（Jeff Bezos）曾说过："不要担心竞争对手，不要只想着为股东赚钱，也不要害怕短期效益，只需要专注于客户，其他一切都将落实到位。"这种以客户为中心的价值创造将成为企业持续发展和盈利的坚实基石，这种理念使亚马逊在竞争激烈的市场中脱颖而出。

创造客户价值，核心在于洞察并满足客户的深层需求。对于工业品企业而言，提升客户的经济价值至关重要，例如提供合理的价格、高性价比及成本节约方案，因为客户在购买时总会权衡产品或服务的价格，以及其带来的实际效益。

中小企业的典型案例是日本株式会社东海弹簧制作所（东海弹簧），在面对行业内卷与微利困境时，这家企业采取了一种独到的非竞争策略。它选择退出标准化的弹簧市场，转而专注于研发和生产高品质、高精度、定制化的弹簧产品，精准对接高端市场需求。逐渐与株式会社电装（电装集团，Denso Corporation）、丰田、日产、本田等大客户建立了长期稳固的合作关系，合作内容不仅涵盖销售与售后服务，更深入至技术支持与合作开发层面。

东海弹簧展现出极高的灵活性。它通过与客户的深度交流，全面把握客户的具体需求与面临的挑战，并针对客户的特殊需求，迅速调整生产流程和技术参数，为客户提供量身定制的解决方案。它还建立了一套高效的响应体系，确保能即时处理客户的反馈与需求变化，从而赢得了客户的高度信赖。这种非竞争策略使东海弹簧在激烈的市场竞争中保持了独特优势，聚焦于自身的核心竞争力，有效地避免了与其他企业的直接竞争。

第四章
竞争与超越：产业谋略与超限思维

产业同盟

长期以来，工业品营销过于侧重以产品为主导的推力型策略，即不遗余力地将产品推向客户。这通常使企业忽视了客户需求的拉动力，无法从逆向视角审视产业链。工业品营销实际上发源于消费品市场，并最终服务于消费品市场的需求，其本质就是要求所有营销活动紧密围绕最终消费品市场展开。

随着产业链不断地向下游延伸，企业会逐渐失去对市场的敏锐感知，以致对客户需求的拉动力理解出现显著偏差。追本溯源，下游客户要在竞争中脱颖而出，必须拥有更强大的竞争力。传统的"企业→客户"单向价值传递模式已难以适应当前客户需求的多样化和动态化特点。从营销职能的角度来看，进入系统能力阶段后，企业拥有了更多传播价值的资本和能力，这需要企业打通与客户之间的价值链。

21世纪初中国乳业的快速崛起，既得益于中国经济的蓬勃发展和乳制品需求的增长，也离不开纸盒包装巨头瑞典利乐公司（利乐，Tetra Pak）的助力。初期，中国乳业面临资金短缺、技术匮乏和管理不善的"三缺"困境。利乐（中国）的市场负责人找到了中国乳业相关企业的负责人，提出了一套完整的解决方案。在资金上，利乐只需要乳品企业支付20%的灌装机款就可以买下整套包装设备，其余的80%可以通过采购其包装纸进行偿还。在技术上，利乐为合作中的奶企规划工厂、生产线，并提供新产品开发和全程技术指导。在管理上，利乐利用自身丰富的市场经验，帮助合作中的奶企分析消费市场，明确价格定位和品牌定位，为其赢得了全新的市场机遇。利乐的解决方案将合作中奶企的产品与自身企业的包装完美融合，实现了双赢。

利乐在市场竞争中展现出的优势，充分体现了持续地为客户创造实实在在的价值，以及产业联盟的重要性。利乐深知，传播价值是有限的，创造价值才能带给自己无限可能。满足客户需求，弥补客户欠缺，就能在工业品营销中挖掘出巨大市场空间。

业务选择与定位

企业要想实现持续稳健的发展，需要具备敏锐的市场洞察力和灵活的战略调整能力。业务重新定位作为企业重要的战略手段之一，能够助力企业有效地避开激烈的市场竞争，寻找并把握住新的市场增长点，为企业注入新的活力。

业务重新定位不是简单地调整产品或服务的方向，而是涉及多方面因素的深刻变革。它要求企业深入剖析市场需求，准确把握消费者需求的变化趋势，以便及时调整产品策略。同时，企业还需要对竞争环境进行全面评估，了解竞争对手的优劣势，以及市场中的潜在机会和威胁，制定出更具针对性的竞争策略。

更为重要的是，业务重新定位还需要企业对自身优势进行重新审视和定义，包括企业的核心技术、品牌影响力、市场渠道、人才团队等多个方面。企业通过深入挖掘和整合自身优势资源，便可形成独特的竞争力，在产业中占据有利位置。

第四章
竞争与超越：产业谋略与超限思维

业务重新定位是一个系统工程，需要企业从市场需求、竞争环境和自身优势等多个维度进行深入思考和重新定义，只有这样，企业才能在激烈竞争中找到新的发展方向。

案例 4-4 索尼业务重新定位，避开智能手机终端竞争

索尼曾是智能手机行业举足轻重的巨头。但是，随着市场竞争日益激烈，以及新的强大对手崛起，其强烈感受到来自市场的巨大压力。尽管索尼手机在相机技术上一直走在行业前列，但是其整体市场份额还是不可避免地持续下滑。

面对这一严峻挑战，索尼公司积极寻求变革。经过深思熟虑，索尼决定重新定位业务方向，利用自身在图像传感器和视觉处理技术方面的优势，转向视觉处理软件和边缘 AI 领域的发展。这一战略转型不仅使索尼成功地避开了智能手机市场的激烈竞争，更为其开辟了新的增长空间。

为了实现这一转型，索尼推出了专注于传感解决方案和视觉处理的边缘 AI 平台。该平台的核心竞争力，便是索尼自主研发的 IMX500 智能视觉传感器，作为全球首款搭载 AI 处理功能的图像传感器，IMX500 的问世不仅彰显了索尼在视觉处理技术上的

143

领先地位，更为边缘 AI 平台的高效运行提供了有力保障。

索尼的边缘 AI 平台能够在边缘设备上实现高速、精准的 AI 计算和元数据输出，大幅降低了企业对云端的依赖，提升了整体系统的响应速度和稳定性。除了强大的硬件支持外，索尼的边缘 AI 平台还为开发者提供了丰富多样的软件开发工具和环境。这些工具不仅简化了 AI 摄像头驱动的传感解决方案开发流程，还降低了技术门槛，使更多开发者能够参与到这一领域中来，共同推动视觉处理技术的发展。同时，索尼积极地与各行业合作伙伴深入合作，共同探索视觉处理技术在智慧城市、智能建筑、工业自动化等领域的广泛应用。

通过一系列战略举措，索尼公司成功实现了业务的华丽转身和持续增长。如今索尼的边缘 AI 平台已经成为行业内的佼佼者，为各行各业提供了定制化的视觉处理解决方案，满足了市场的多样化需求。索尼的业务重新定位，不仅为其自身开辟了新的增长点，也为整个行业的发展注入了活力。

■ 第五章

策略与组合：结构推进与节奏把控

　　工业品营销要求将战略与战术紧密融合，战略的制定与规划必须植根于对营销前线的深入调研与实战经验之上的深刻洞察。每一步战略节奏的精准把握，都蕴含着对客户需求的透彻理解和对市场竞争动态的敏锐捕捉。

　　同时，营销策略与具体战术均需围绕"战略意图"与"战略布局"展开，确保每一步营销实践与执行都内嵌着"战略的核心要素与基因"。

工业品营销策略：明确公司营销的基本打法

在一个典型的工业品企业架构中，营销部门扮演着至关重要的运营角色，与战略不同的是，营销职能的履行是由一系列具体实际的活动实现的，体现为销售团队组建与管理、大客户公关、销售渠道拓展、品牌宣传与推广等部门任务。更为重要的是，营销部门在开展具体活动之前，需紧密围绕企业的整体战略规划和实际运营状况，深入剖析市场需求与竞争态势，制定战术层面的营销策略，确保企业的营销活动整体能够达到事半功倍的成效，实现一定资源的成效最大化。

关系营销

客户关系的拓展、经营与维护是工业品营销的第一台发动机，在营销的整体过程中，包括接触了解客户、设计解决方案、超越竞争对手、交付、回款、达成长期合作等，客户关系都发挥着不可替代的作用，是每个步骤的基础与开端。

关键客户关系是大多数 B2B 类业务在营销拓展初期的首选。这是因为拓展客户的关键是签订合同，但是签订合同的关键决策者一般只有 1~3 人，而影响关键决策者的决策影响者可能会有 2~5 人（合同金额越大，相关影响者越多）。

客户组织里的五类人员

一般情况下，客户组织里会有五类人员：一是采购者，他们往往是客户公司的采购部人员或经理，掌握着项目推进的进度，主要负责合同商务条款选择与判定；二是选型者，他们往往是技术或研发部门，为决策相关人提供价值信息；三是使用者，他们是产品的真正使用者或运营者，站在使用者的角度，对产品有一定的否定权；四是评估者，他们具有财务、技术或运营等资深背景，在招标时会像陪审团一样，是决策前的最后把关者，较为理性；五是决策者，他们具有最后的拍板权，在决策中具有最大的权力，他们清楚项目的关键事件，但是对项目细节和背后的真实情况可能了解不多，极易受到前面四种角色的影响。

关键客户关系的拓展既要围绕关键决策者这个"点"展开，又要顾及多位相关影响者这条"线"，所以关键客户模式也可称为"点线"模式。

拓展关键客户的两种策略

拓展关键客户需要对事策略与对人策略两种策略的同步推进与协同。对事策略是基于客户对产品需求特点、采购成本要求，以及需要供应商提供的供货条件、时限、交期、技术能力、参数指标等制订的营销策略；对人策略是基于人际背景与思维背景展开的营销策略，企业的营销人员要对客户人际背景与关键人员的思维背景有充分的了解、影响和引导。

关键客户关系的突破是一项系统工程，需要营销组织清晰战略方向，持续策略创新，不断提升组织对客户的把控能力。规模越来越大的客户，其设备总量的需求会随之增大，维护周期也会逐渐延长，营销过程中涉及的客户部门与人数则会越来越多。这时企业的营销人员就不能只关注其客户内部当权者的关系（关键客户关系），还需要引进普遍客户关系模式。

普遍客户关系的差异化竞争优势

大型组织权力结构会变化，既有集中，又有分散，普遍客户关系是差异化的竞争优势。普遍客户关系模式不是眉毛胡子一把抓，无分别地对待所有客户的部门和人员，而是建立在对市场结构、市场增量、客户结构与客户成长的基础上，处理好短期与长期、局部与整体、表面与潜在的矛盾关系。建立普遍客户关系要求每一位客户经理、产品经理不仅要与客户保持沟通，还要注意提高有效沟通的质量，建立与客户普遍沟通的制度，加强考核，并通过奖惩机制强化与客户的沟通。

全方位、持续地与客户沟通，才能及时、准确地发现客户的痛点，并基于客户需求持续创新，以领先的产品和服务为客户持续创造价值。例如华为在开拓国际市场时，营销人员对运营商的普通测试人员、工程师、总监、总裁等人员，坚持采用普遍客户关系原则，进行全方位的接触和沟通，让客户既感到受到尊重，又加强了对华为产品、服务、企业文化的认知。

组织客户关系的关键

组织客户关系是客户关系的最高级模式，其概念与理论最早于2000年左右由IBM咨询（IBM Global Business Services，IBM全球企业咨询服务部）提出，产生于关键客户关系与普遍客户关系的基础之上。组织客户关系将客户分为S、A、B、C共四类：S类客户是战略客户，A类客户是伙伴客户，B、C类客户则属于现金流客户。企业要深入洞察战略客户和伙伴客户，从原来只看项目、看机会的商业角度，转到从经营与管理专家的角度去了解客户的行业，包括客户的业务类型、商业模式、运营效率、组织特点与管理水平。

组织客户关系是基于企业与客户实现中长期的共同有效增长与发展需求建立的，这就要求企业能够通过高层团队的交流使双方在经营理念、战略方向、主流业务、商业模式、组织管理与企业文化上找到更多的契合点，逐渐建立并达成更多共识。

企业与客户结盟包括商务与研发技术两个方面：在商务方面，争取签订战略合作协议，圈定未来几年的重点项目，形成独家合作，减少中间环节，降低采购成本；在研发技术方面，帮助客户进行技术突破，与客户技术团队紧密沟通、协同默契，共享知识产权，联合进行行业创新申报，让战略客户取得行业领先地位。

企业与战略客户的组织关系，不仅强化了双方的长期战略型关系，还在助力客户增长的前提下促进了自身的高速发展。

服务营销

如果把客户关系策略看作工业品营销的第一台发动机，那么客户服务策略就是工业品营销的第二台发动机。服务体系的建设对于客户开发具有重要意义，客户服务的综合职能影响着成交之后企业的表现和顾客评价。

服务营销的内涵和职能

服务营销的内涵和职能在不断演化，其最基本的职能是贴近客户做全天候服务，而服务从属于产品或设备；中阶职能是为客户提供高效咨询与关键解决方案，此时服务成为基于产品或设备的延伸业务，能单独创造客户价值，需要技术和研发人员的支持；高阶职能是建立服务综合体系，通过服务体系、物流体系、技术体系、人才培育体系、资金体系等多个方面，综合性地引领客户运营体系升级与发展。

基础服务营销与优质服务

新推出的产品需要经历一个逐步成熟的过程，服务从中扮演着不可或缺的补充角色。此阶段的服务宗旨在于直接在生产一线或实际应用环境里解决各类问题，确保客户在整个产品生命周期内的安全运营，这要求服务必须细致且响应迅速。卓越的基础服务营销涉及众多环节与全面流程，包括设计、生产、市场推广、销售、安装调试和后期维护。唯有提供上乘服务，企业才能深度赢得客户的信任，而这份信任正是企业源源不断、取之不竭的商业动力，构成其核心竞争优势。但是许多企业将这类服务视为成本负担，看作销售之后的附加任务，往往态度被动，勉强响应。

优质服务所强调的是服务的诚挚性、主动性、高效性及流程化。诚挚性意味着企业要坚信没有错误的客户，只有未被满足的需求。主动性要求企业能够主动靠近客户，而不是消极等待客户的召唤，并在与客户紧密互动的过程中，通过换位思考的方式主动发掘问题。高效性意味着企业能以超越竞争对手的速度响应客户需求，迅速抵达现场并有效解决问题。流程化要求服务营销应实现标准化、专业化与个性化。标准化在于细化服务内容，明确服务标准，为企业和用户提供一个可量化的理性基准，以便客观评价服务质量。

提升客户经营效率服务

服务营销的重心正逐步转向提升客户经营效率，这是一种升级的服务模式。该模式借鉴了西方服务经营的最新理念，将日常维护等一般性服务转移给合作方或客户方，企业则专注于提供综合性的技术服务，为客户提供更具价值的系统解决方案，帮助客户改进经

第五章
策略与组合：结构推进与节奏把控

营、提升效率、增加盈利空间。例如，2003 年，华为在 IBM 咨询专家的帮助下，实施了"三大转移"新服务战略，将设备系统安装工程转移给区域合作方，将日常运营与维护转移给用户方，将华为的用户服务中心职能转移为技术支援。通过实施这一战略，华为将客户服务从成本中心转变为利润中心，从提供直接的运营与维护服务转向提供提升整体运营效率的技术解决方案，进而提供提升客户经营业绩的改进方案，实现服务模式创新与服务增值。

提升经营效率服务从创造一般性价值转向创造更高价值，需要通过高效管理和合理运营来降低运作成本、增强服务的组织能力。工业品企业要实现营销的持续突破，必须不断改进服务模式，但是服务模式的升级主要依赖产研销体系的高效一体化协同。

创造综合价值

创造综合价值是服务营销的一种高级策略，常被行业领军企业和头部企业采用。这些上游的工业品企业在技术研发、运营协同及行业拓展等多个维度，为下游客户提供全面而深入的赋能。上游工业品企业往往是产业技术和产业模式的变革者和推动者，下游客户则为其技术提供了应用场景。

首先，这些上游的工业品企业会根据客户的发展需求，量身定制咨询服务，提供涵盖多种场景的商业模式设计、用户体验优化等咨询方案，并确保方案能够落地实施。

其次，这些上游的工业品企业会帮助客户培养因新产品与设备的应用需要的专业人才。例如发起各种人才培养倡议，或者设立专业学院，这些计划和机构不以营利为目的，专注于培养应用型技术人才。

最后，这些上游的工业品企业会协助客户获得银行信贷与融资支持。它们凭借自身庞大的资产规模、强劲的盈利能力及充裕的现金流与银行建立了紧密的合作关系，通过信用背书让下游企业获得信贷资金。大型企业周围容易汇聚众多专业且口碑良好的融资机构，通过举办区域性的金融论坛与交流活动，让有潜力的客户获得其他渠道的融资。

综上，持续创新与全面赋能是世界级领先企业提升客户服务水平、深化战略营销的重要策略。

技术营销

技术营销构成了工业品营销的第三大策略。其核心在于通过技术创新的营销手段去攻克技术壁垒较高的市场领域。这一策略在高科技行业中尤为常见，企业常借此获取竞争优势。技术营销不仅强调技术的领先地位，还注重将技术创新与市场需求紧密结合，从而确保从技术创新的源头上精准对接客户需求，即实现技术与市场的深度融合。

同时，该策略要求企业密切关注竞争对手动态，以前瞻性的竞争策略保持半步领先。为了将技术转化为营销的强劲动力，企业还需敏锐捕捉行业技术发展趋势，确保创新活动的有效性和针对性。

第五章
策略与组合：结构推进与节奏把控

在技术营销中，平衡市场、竞争和行业趋势三者之间的关系至关重要。

对于面向企业（B2B）的工业品企业而言，产品与技术高度复杂，技术的先进性和稳定性通常构成了企业的核心竞争力。然而，这种环境往往诱使企业过分偏重技术创新，并一味追求技术上的先进性，忽视了对客户真实需求的深入理解，导致产品设计偏离客户需求，闭门造车。

实际上市场需求是研发的路标，客户需求是技术的方向，美国波音公司在设计新品时，不是先从技术的先进性本身规划产品，而是邀请各大航空公司的采购主管与波音的 PDT（跨功能部门的产品研发团队）紧密接触、充分沟通，并由这些采购主管提出下一代飞机的整体设计理念与关键需求，进而在舱内座位和相关设置上进行整体改进升级，最终造就 777 客机的成功。

技术固然是关键要素，但它仅是工具和手段，而非最终目标，一味盲目崇拜技术忽视客户需求的营销导向，将是大型企业面临的重大战略风险。

竞争对手是成功开展技术营销无法回避的外部因素，但超越竞争对手不能理解为技术上的超越，而应视为经营上的超越。三十年前，美国贝尔实验室最早发现波分复用技术，北京电影学院将其进行产业化，结果因投入过早、过猛，遭遇失败。领先市场三步，过早引领技术潮流大概率会招致失败，领先一步可能成先烈，领先半步才能成先驱。许多失败与破产的公司，不是因为技术不先进，反而是技术过于超前。

当企业加大市场宣传和开发力度，逐步赢得消费者认可时，竞争对手快速跟进，后发制人，反而可能成为市场的最终赢家。20世纪末路易斯·郭士纳接任 IBM 总裁后，在 PC 电脑领域实施了这一竞争策略，苹果的个人电脑推出市场四年后，IBM 才突然发力，很快在个人电脑系统的市场份额与影响力上反超了苹果。

领先半步、后发制人策略

领先半步、后发制人策略的运用需要多种前提条件。首先，需要具有世界级的宏观行业视野，能够评估技术先进度与市场接受度的差距，这比拥有世界级的领先技术水平更重要。其次，要跨越时空进行战略投入，在研发体系上早投入、持续投入，孕育足够的潜在技术动能。最后，要把控好超越竞争对手的切入时机，突然爆发自身整体潜力，以高比例、大尺度超越竞争对手，使其仅有招架之功，全无还手之力。

企业的经营活动会在不断研发、不断营销中进行。很多研发和营销短期协同的企业在动态中通常会出现脱节现象，导致企业销售额攀升，利润却呈现下滑趋势，研发与营销之间似乎横亘着一条隐形、深邃、难以跨越的鸿沟。其根源在于营销前轮与研发后轮在转动中出现"频率失谐"，须找到有效的解决之道。

IPD 管理模式

IPD（集成产品开发）管理模式为研发与营销的协同提供了范例。IPD 通过促进跨职能部门的紧密合作，将研发、营销、采购、

第五章
策略与组合：结构推进与节奏把控

财务、服务等各个环节有机融合，实现了业务流程的结构化与流程化优化。其核心理念涵盖四点：第一，持续保持技术领先地位；第二，以客户价值观为指引，按行业细分组建营销团队，为不同行业量身定制全套解决方案；第三，强化服务品质，不懈追求客户满意度的提升；第四，聚焦核心业务领域，充分发挥规模优势。

IPD通过流程变革实现了"技术导向驱动"转向"客户需求导向驱动"。在这一模式下，市场营销团队负责形成初步的产品概念，技术研发团队则基于这些概念提出具体的研发方案，财务、用户服务、生产、采购、品质等各部门的代表也依据各自职责提出专业意见。在充分讨论并达成一致后，形成最终的业务计划书。

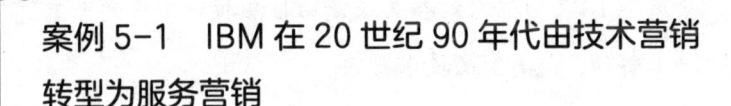

案例 5-1　IBM 在 20 世纪 90 年代由技术营销转型为服务营销

一般认为，公司会由服务营销升级为技术营销。实际上服务营销和技术营销处于同等地位，会相互转化，这种转化是行业发展和模式演变的映射。有些公司会由服务营销转化为技术营销，而有些公司会由技术营销转化为服务营销，实践中在二者之间完成转换的公司，在经营上会呈现出大开大合，并持续发展壮大。

20世纪90年代，IBM的成功转型是企业经营史上的典型案例。IBM成为计算机行业巨头始于20世纪

157

60年代的小沃森（小托马斯·沃森，Thomas J. Watson Jr.）时期，当时IBM投入50亿美元的巨资成功研发了System/360主机产品，System/360不仅采用了当时处于技术革新阶段的集成电路技术，实现了高性能、高可靠性和低价格，而且是历史上软件和硬件的第一次分离，使系列计算机、打印机、磁带机等外围设备实现了兼容。当时行业内的其他计算机厂商要针对每种主机量身定做操作系统，不具备这种兼容性，这使得IBM取得了独特的竞争优势和市场地位。1965~1985年期间，公司年收入一直以14%的增长率持续增长，毛利润以60%的速度增长，市场份额突破了30%，这个时期IBM的惊人财务业绩是由巨额投资形成的专有技术驱动，是典型的技术营销。

但至20世纪80年代，计算机行业的发展环境出现了两个重大变化。其一是个人电脑市场的兴起，适用于金融、电信等行业客户的主机产品所占市场比重逐年下降。其二是行业分工细化，出现了很多专注于某一领域的行业巨头，如半导体芯片的英特尔、操作系统的微软、数据库的甲骨文。

由于行业由一家独大的格局逐渐演化为众多公司的垂直分工，芯片、操作系统、数据库、应用软件等领域不断出现各自行业的头部企业，尽管当时的IBM技术实力和品牌依然强大，研发人才济济，却已经无

第五章
策略与组合：结构推进与节奏把控

法在所有领域都领先于竞争对手。由于 IBM 没有应对这种行业变局的新战略，不仅 PC 市场份额较低，而且，其传统的优势产品主机也因为价格相对高昂致使市场份额逐年下降，年收入从 1990 年的 130 亿美元下滑到 1993 年的不足 70 亿美元，IBM 面临破产和分解的风险。

路易斯·郭士纳于 1993 年就任 IBM 董事长和首席执行官后，避开细分巨头已经形成的竞争优势，坚信在 10 年内信息技术产业将由技术主导变为服务主导，市场会逐渐看重能够提供整体解决方案的公司，即能够将各种供应商提供的电脑零部件进行整合的技术方案的公司。由此，他将 IBM 带入服务主导的经营模式。这种服务不是通常理解的产品附加维护，而是本节中阐述的第二种类型的服务营销——提升客户效率服务模式。这种服务模式专注于提供综合性的技术服务，为客户提供系统解决方案。

IBM 建构了行业内最有影响力的服务业务，并从 PC 芯片、PC 操作系统、应用软件等领域收缩业务范围。1993—2001 年，IBM 年净利润由 −50 亿美元变为 77 亿美元，股价由 12.6 美元上升为 120.9 美元，市值从 290 亿美元上升到 1680 亿美元。IBM 由技术向服务的转型取得了巨大的商业成功，使其重回行业的领导地位。

工业品营销策略组合：项目突破的策略组合

不论是公司营销职能的发挥，还是与某个客户的交易达成，关系营销都是必备前提。如果不能和客户建立融洽信任的商业关系，公司营销或者某个项目营销都很难实现。但是关系营销是纯粹的执行，是卓越营销的必要条件而不是充分条件，而服务营销和技术营销则会形成一个公司的营销基准，其他活动都会围绕这个基准展开。

实际上一个公司的营销策略，是几种策略的组合。这种组合集中体现在两个方面：其一，关系营销、服务营销和技术营销都会在企业经营中有所体现，只是重要性和贡献的大小有所区别；其二，关系营销包含关键客户关系、普遍客户关系、组织客户关系三种形态，服务营销包含售后维护服务、技术方案服务、综合价值服务三种形态，技术营销包含领先半步技术、集成开发技术、超越领先技术三种形态。一个工业品企业的营销策略组合其实就是形态组合，会呈现出一定的差异。

项目营销

国际项目管理协会前主席保罗·格雷斯（Paul Grace）曾说过："当今世界，一切皆是项目，一切都可以看作项目。"项目可以被看成企业最小的运营单元。可以这样认为，企业的经营目标是通过一个个项目的成功营销实现的，工业品领域尤为如此。

市场如战场瞬息万变，会出现多种意外情况需要及时处置，项目营销涉及不同业务单元协作，单靠销售人员个人无法达成营销目标，需要组建多专业化、高协同、超授权的项目团队。项目团队由客户经理、技术专家、交付专家构成的"铁三角"为核心，当然根据需要还可能涉及多领域，"四角""五角"都有可能进入项目团队。客户经理营建客户关系，发现战略机会点，确认客户需求，还要把握双方合作的商务条款。技术专家要一专多能，打通自己不熟悉的专业领域的求助渠道，并提供解决方案。交付专家要具备与客户沟通清楚工程与服务的解决方案的能力，同时对后台能力和交付流程的各个环节了如指掌，从而实现端到端的高效交付。

项目营销在推进过程中会受到客户组织权力的影响，无法单凭完善的解决方案和技术突破赢得成功，必须发挥项目团队多专业、高协同的配合能力，才能既突破客户关键人，又能兼顾到相关人，并围绕项目成功处理好关键人强度与相关人广度。这里的关键人可能是关键决策者，或是关键部门；相关人是指决策的影响者，或是相关部门。

项目营销的时效性也很关键，如果一线营销人员没有相应的决策权限，就会成为后方的传声筒，因此应该让其拥有更多的决策权，有责有权才能更好地应对市场一线的千变万化，后方配备的先进设备和优质资源，应该在前线一发现目标和机会时就及时"发射"与"精确制导"，后方平台应成为服务前方的钥匙。

项目团队开展多专业的团队运作模式，使负责客户关系的客户线、负责技术研发的产品线、负责供应链与服务的交付线，目标一致、高度协同。专业有专长，分工有协作，在同一个方向上聚力奋战，才能最终达成项目成果。

产品与方案

在工业品领域，企业为客户提供产品与提供解决方案，两者虽然表面看似相似，实则有着本质的区别，是两种不同的业务形态。这两者不仅代表了不同的服务理念，还深刻影响着企业的市场定位、客户关系及长期发展战略。

提供产品是企业向客户销售具体有形的工业品，如机械设备、零部件、原材料等。这些产品往往具有明确的技术规格和性能指标，关键在于产品本身的质量、性能和价格。客户购买产品后，主要依赖产品的固有特性来满足自身需求。

提供解决方案是企业根据客户的具体需求，通过整合产品、技术、服务等多种资源，为客户量身定制综合性的解决方案。这种模式强调了企业对客户需求的深度理解和全面满足，涉及售前咨询、方案设计、实施和售后服务等多个环节，旨在解决客户在生产、运营或管理过程中遇到的具体问题，提升整体效率和效益。例如，一家工业泵制造企业向客户提供离心泵、齿轮泵等各种类型的泵，客户根据自身需求选择合适的型号，其关注点主要在于泵的流量、压力、材质和价格等参数上。制造企业则通过不断改进产品设计和制造工艺，提高产品的可靠性和性能。当一家工业自动化系统集成企业为客户提供整体的自动化解决方案时，客户就需要提升生产线的自动化水平，以提高生产效率和产品质量。那么系统集成企业会首先进行现场调研，了解客户的具体需求和现有设备情况，再设计一套包括传感器、控制系统、执行机构等在内的自动化方案，最后，系统集成企业负责设备安装、调试及客户方面的员工培训。其售后阶段则提供维护和技术支持服务，帮助客户解决运行中遇到的问题。

提供产品是传统且直接的商业模式，只需满足客户基本需求。企业可以根据市场需求，设计、生产出标准化的产品，并通过销售渠道和品牌将其推向市场。这种模式的优势在于效率高、成本相对较低，适合大规模生产和分销。其局限性在于，这种"一刀切"的解决方案无法完全贴合每个客户的特定需求。解决方案提供了超越期望的服务，是一种更高层次的业务形态。在工业品领域，解决方案模式尤为重要。

企业提供产品与提供解决方案，两种类型在营销内涵上存在很大区别。在客户关系方面,提供产品通常采用一次性销售的模式,客户与公司是一种买卖关系;解决方案模式需要进行深层次的合作与交流,建立基于信任和共同目标的长期伙伴关系。在客户价值方面,提供产品创造的是产品价值,解决方案则注重创造综合价值,包括提升生产效率、降低运营成本、增强市场竞争力等多个方面,这种综合价值的创造往往能够为客户带来更大的竞争优势和利润空间。在创新能力方面,为了满足不断变化的需求,提供解决方案的企业需持续、更快地创新,不仅限于产品层面,还包括服务模式、技术应用等多个维度。

产品供应是基础的、标准化的,解决方案则是高度个性化、服务导向的。在工业品领域,为客户提供产品和提供解决方案是两种截然不同的服务方式,各自具有独特的特点和优势,适用于不同的客户需求和市场环境。虽然提供产品是商业活动的基础,但是在日益复杂多变的市场环境中,为客户提供全面、定制化的解决方案,已成为企业差异化竞争、深化客户关系、促进可持续发展的关键路径。尤其是在工业品领域,这种转变尤为重要,它不仅关乎企业的技术实力和服务能力,更是企业能否在未来市场中占据领先地位的决定性因素。

为客户提供优质的解决方案需要深解读和优方案。深解读是指给客户综合"算命",解读其痛点。撬动客户项目的关键就是洞察与解读客户运营的瓶颈,让客户眼前一亮,脑洞大开。优方案是指给客户的方案要应用优化与互动优化。其中应用优化是指方案紧贴客户的应用场景与实际情况,用方案的经营与技术综合性打动客户。客户的决策团队往往是由采购、技术、运营与维护资深专家构成的，要想做出让他们动心的方案，必须基于客户的核心需求，基于现实但又迈向未来，从经营、专业技术、运营与维护管理多个维度综合考虑。互动优化是指要与客户充分互动，充分交流，引导客户提出有效建议，并依据客户建议完善方案。

例如华为开拓国际市场时与某国电信运营商合作，该电信运营商主营固网和移动网，其基础传输网络设备大部分由朗讯提供。华为发现该电信运营商运行的朗讯设备大多超过10年，技术陈旧、设施老化、维护成本高。由于几家跨国电信运营商都进入该国电信运营市场，该电信运营商的竞争压力大增，决心对设备进行优化。华为调集一批专家成立项目组，经过深入交流找到了该运营商的痛点——主要集中于老设备效率低无法应对用户需求、备件和维护费用高、带宽无法支撑激增的业务。客户的经营痛点被华为清晰解读后，华为项目组在设备演示和测试方面做了大量工作，使客户认识到华为方案无论是在商业上，还是在技术上，都具有系统性与持续性，最终该电信运营商选择了华为的方案和设备。

定价和谈判

在工业品市场中，无论是产品还是解决方案，只要其成本低于竞争对手或在相同成本下能创造更高客户价值，便可形成竞争优势。但若定价失准，既可能错失交易机会，也可能导致利润流失。工业品营销战略的重要一环在于优化价格承载的价值维度。

产品与方案的定价并非孤立存在，而是在交换经济体系中与各类商品服务的定价形成动态关联。因此，需要营销人员配置精准工具系统，整合成本核算、客户需求洞察及竞争者情报。供应商在成本控制、设计优化与供应链协同等环节的效能贡献，必须精确体现在成本数据中。资本型设备需保障可靠性、耐用性与产出效率，其现金流应充分覆盖设备全周期成本。客户需求信息依赖销售团队的实时反馈，以及深度解析客户的成本结构与盈利模型。定价系统还需纳入竞争对手的成本价格基准。价格追踪体系作为核心工具，应完整记录客户询价、中标结果、采购动态及历史定价，用于评估企业年度中标率波动与不同经理的定价决策效能。

本质上，模仿性产品的生产者面临近乎完全弹性的平坦需求曲线，几乎丧失定价主动权。唯有创造独特客户价值的企业才能获得向下倾斜的需求曲线，赢得定价弹性空间。这种定价自由度源于企业创造的显著战略优势。当特种润滑剂能为客户每台机器节省100美元维修成本时，使用者本着经济合理性原则很容易接受某个定价。

多数工业品市场存在差异化供应商，例如企业培训公司、定制化市场研究机构及工业分销商等。各供应商行为互不影响，凭借独特竞争力提供差异化价值服务。价格由供需双方共同决定，既要覆盖成本，也与客户感知价值密切相关。因此，产品与方案的定价区间介于企业成本与客户价值之间，可替代性强的产品趋近成本定价，独特优势显著的产品趋近价值定价。

配置化定价策略

实践中，多数工业品领域宜采用配置化定价策略。这是因为相同工业品在不同行业应用产生的客户价值存在一定差异，实施差别定价使其具备合理性。配置化定价策略是工业品领域应对需求差异化的核心定价方法，其本质是通过模块化产品架构实现价值要素的灵活组合。该策略基于客户价值感知差异，将产品拆解为基础平台与可选增值模块，其中基础平台约占总成本的60%~70%，通过动态定价引擎实现千人千价。三一重工智能挖掘机的基础机型定价85万元，客户可自主选配12万元的5G远程控制系统、8万元的燃油优化算法包、按小时计费的预测性维护服务，这使产品的溢价空间提升至35%。

配置化定价的实施包含四个步骤。首先建立技术模块库，其次构建客户价值图谱，再次设计价格栅栏，最后部署实时报价系统。2024年施耐德电气通过该策略在数据中心市场实现28%的毛利率提升，其奥秘在于将UPS（不间断供电系统）分解为23个可配置单元，客户自主组合后价格浮动区间达40%。该策略成功的要素集中在精准识别价值敏感点，通过定价菜单引导客户向高利润模块倾斜，同时利用数字化工具实现价格动态优化。

其他类型的定价策略

在消费品市场，管制价格由卖方单方设定，客户仅有接受权或拒绝权，这种模式也存在于部分工业品市场。企业间交易多采用竞争性定价或协商定价，价格通过双向磋商确定。投标定价常见于政府及公共机构采购，采购方主导价格形成机制，通过供应商竞标实现效率优化。谈判定价则需平衡双方利益，在交易过程中以价格条款作为核心要素，可能随库存管理、生产计划共享或付款周期等条件进行调整。

工业品营销商应根据具体谈判场景灵活施策，针对合作关系的深浅与性质差异，采取竞争、合作、妥协或和解策略：竞争性谈判强调胜负结果，和解侧重关系维护，妥协寻求折中方案，合作则致力于创新性共赢。

任何谈判均需明确可量化的价值主张以巩固议价地位，同时保持耐心倾听、增强互信并深度理解买方需求。谈判结束后应形成书面协议，并系统记录影响谈判结果的关键变量。

案例 5-2　金发科技营销团队利用技术、服务、关系突破新市场

工业品企业的总体营销策略是提供职能框架与工作指引，但是策略组合呈现多元化特征。营销人员要根据不同客户场景灵活运用策略组合，实现最优营销效果。金发科技股份有限公司（金发科技）作为高性能改性塑料领域的高科技上市公司，在业务规模持续扩张过程中需开拓新市场。在航空航天、汽车轻量化等产业的推动下，耐高温尼龙市场需求持续增长，该领域技术长期由杜邦公司（DuPont de Nemours, Inc.）

等国际巨头主导。金发科技自2006年启动PA10T（一种新型的半芳香族耐高温尼龙材料）研发，该生物基材料因契合碳中和趋势成为行业焦点。目前，金发科技PA10T产品已成功应用于高端LED反射支架市场。

自2021年起，随着中国新能源汽车产业快速发展，市场对绝缘件、IGBT模块（电压型控制器件）、锂电池及熔断器等塑料部件的需求也在快速增长。同时，伴随通信技术进步，熔断器性能指标要求持续提升，西安中熔电气股份有限公司（RD公司）作为电路保护器件领域的高新技术企业，在全球新兴市场电力熔断器领域占据15%份额，国内新能源汽车熔断器市场位居榜首，客户涵盖比亚迪等行业龙头。RD公司在与金发科技既有合作的基础上，针对其260℃~280℃材料需求提出技术问询，金发科技提出PA10T/PA6T复合方案，双方组建联合研发团队。PA10T的长链结构赋予良好加工性，PA6T的短链特性带来高耐热性，只是纯PA6T因370℃熔点需通过单体比例调整实现可塑加工。

RD公司项目材料需要调整分子结构，产品各方面都会产生变化。金发科技将项目定义为公司级项目，由公司特塑材料的技术负责人牵头，相关技术人员、公司客户经理、新能源行业经理为项目成员，RD公司材料团队和协作的模具厂也参与其中，上下内外通力合作。3~7月累计完成4.6万次试模，不断修改和调整材料及模具方案，最终方案实现了用高温尼龙材料替代陶瓷材料，属于行业内材料端的创新应用，国外基本没有，而这正是金发科技和RD公司的合作成果。

材料技术方案取得认可后，成本控制成为量产关键。金发科技营销人员详细测算了客户产品成本，调研了竞争产品的市场销售价格，并设置了生产时效测算。最终实现的不仅是销售几十吨材料，而是培育了一个市场容量千吨级的技术型特种产品市场。

技术研发和市场营销的结合，要根据市场需求确定恰当的研发方向。研发可以分为两类：一类是基于客户应用需求的小创新；另一类是基于核心技术突破的大创新。前者投资小、周期短，对研发体系要求低；后者则投资大、周期长，对研发体系的规模要求高。企业的成长一般会经历先重视前者，逐渐过渡到重视后者的过程。

将技术作为营销的驱动力，既要发挥倾听客户深度需求的市场策略，又要构建符合行业技术趋势的创新策略，还要设计好领先对手半步的竞争策略，三者的轻重比例与兼顾平衡都是至关重要的。

■ 第六章

战法与连胜：大客户营销攻略

大客户对企业经济收益至关重要，是企业生存发展的战略要点，争夺激烈。大客户营销关乎企业整体营销战略成败与长期稳定，强调构建市场位势的客户资源争夺。大客户营销不同于项目营销，两者的区别在于项目营销围绕项目展开，大客户营销围绕客户展开。大客户营销和项目营销也具有强关联性，大客户营销需要项目营销的支撑，项目营销需要大客户营销的布局才能彰显价值。

大客户项目突破架构：依照客户采购流程开发客户

大客户是产品流通快、采购量大、利润率高且忠诚度高的核心客户，常表现为"二八法则"，即20%客户贡献80%利润，但是行业间定义各异。

评估大客户要基于价值标准，特征为销量大、利润高、影响大、实力强及潜力大。具体而言大客户包括销售额占公司整体比例大的客户、利润贡献大的客户、行业领先地位的客户、区域发展前沿的客户、高速成长企业的客户、与企业战略高度匹配能支撑战略目标达成的客户、与企业资源能力相匹配的客户、对企业经营风险影响大的客户、公众影响力强的客户，这些客户均被视为企业的关键大客户。

大客户市场调研

大客户市场调研的意义不止于单纯地信息搜集,更在于通过细致分析与思维洞察,精准捕捉潜在问题与新兴机遇,进而迅速把握并充分利用这些机会。

市场调研是一种经验的累积与智慧的沉淀。调研者的过往经历与知识背景,影响着其在调研过程中所能观察到的细节与深度,这便是"看过什么"的层次。在市场调研的舞台上,调研者的经验积累如同灯塔,指引着他们在纷繁复杂的市场信息海洋中,迅速锁定并提炼出关键信息。

对于初级调研者而言,他们往往局限于对表面数据的简单收集与分析,并依赖公开渠道或基础市场问卷获取基本信息,缺乏深度挖掘与综合分析能力,容易错失隐藏于数据背后的市场机会与潜在风险。

相较于初级调研者,中级调研者展现出更为成熟与全面的分析能力,不仅关注基础数据的收集,更善于结合个人经验与细致观察,对市场进行深度剖析。在了解客户基本需求与采购信息的同时,中级调研者还会综合考虑历史趋势、竞争环境、政策导向等多重因素,以便全面把握市场动态,识别出影响市场变化的关键因素,并据此调整市场策略,以应对瞬息万变的市场环境。

高级调研者不仅具备对当前市场状况的敏锐洞察与深度分析,更能够预见市场的未来趋势,根据客户的长远发展规划与行业趋势,精准预测未来的合作机会,并据此制定前瞻性的市场策略。

市场调研的深度在于调研者能否从信息中挖掘出客户的潜在问题与可能的解决方案,在工业品大客户销售中,项目立项与价值判断是一个复杂而细致的过程,销售人员需要综合考虑客户需求、项目规模、市场定位、竞争环境等多方面的因素。

市场调研的最高层次体现在调研者的"梦到什么"上,他们凭借对市场的远见卓识与创造性思维,超越现状的束缚,预见未来的市场趋势,并引领市场的发展方向。这种远见卓识不仅要求调研者具备敏锐的市场洞察力,更要求他们能够通过创新与战略眼光,塑造市场的未来。

在工业品大客户销售中,销售人员不仅要关注现有项目的价值实现,更要根据客户的潜在需求与未来发展趋势,灵活调整销售策略,以把握未来的市场机遇。例如,某些大型项目虽然短期内无法带来直接的经济效益,从长远来看却可能成为企业的标志性项目或开启未来合作的新篇章。因此,市场调研者需要具备前瞻性的思维与战略眼光,以引领企业在激烈的市场竞争中脱颖而出,实现可持续发展。

大客户的采购流程

在大客户项目营销中,大客户的采购流程与节奏是决定项目成败的关键因素。销售人员必须深入理解采购流程中的关键节点,并在不同阶段采取相应的行动。工业品大客户的采购流程是一个复杂且精细的过程,涉及多个环节与参与方。这一过程不仅考量产品的质量与价格，还考量包括供应商的选择、合同条款的谈判、物流配送的安排以及后续服务的跟进等多个方面。

需求分析与内部审批是采购流程的起点

这一环节通常由生产、研发、采购等部门共同参与，通过对企业当前及未来的生产或运营需求进行全面评估，明确所需工业品的类型、规格、数量及交货期等具体要求。随后，需求会经过企业内部审批流程，提交各级领导审核。在审批过程中，企业会考虑预算限制、资金状况等因素。

市场调研与供应商选择是采购流程中的重要步骤

在获得内部审批后，采购团队将开展市场调研，以了解相关工业品的价格、质量、供应商信誉等信息。在这一阶段，企业会收集潜在供应商的信息，并对其进行初步筛选。

基于调研结果，采购团队会制定一份供应商名单，并邀请这些供应商提交详细的报价单、产品说明及售后服务承诺等文件。而采购团队通过综合评估供应商的价格、质量、交货能力、售后服务及企业信誉等因素，选定一家或多家供应商作为合作伙伴。

谈判与合同签订是确保采购顺利进行的关键环节

在选定供应商后，采购团队将与供应商进行深入的商务谈判，以明确采购合同的具体条款。谈判内容可能包括产品价格、付款方式、交货时间、质量标准、售后服务、违约责任等。

在谈判过程中，双方会充分沟通，寻求共识，以确保合同的公平性与合理性。一旦谈判达成一致，双方将签订正式的采购合同，明确双方的权利与义务，为后续的采购活动提供法律保障。

下单与物流配送是采购流程中的执行阶段

在合同签订后，采购团队将向供应商下达采购订单，明确所需工业品的规格、数量、交货期等具体要求。供应商在收到订单后，将开始组织生产或调配库存，以确保按时交货。

在物流配送环节，企业会根据实际需求选择合适的运输方式，如公路运输、铁路运输或海运等，并密切关注货物的运输情况，以确保货物安全、准时到达。

验收与付款是采购流程中的重要环节

货物到达后，企业会组织相关部门对工业品进行验收，检查其数量、规格、质量等是否符合合同要求。验收合格后，企业会按照合同约定的付款方式与时间，向供应商支付货款。

在付款过程中，企业会确保资金的安全与合规性，避免潜在的经济风险。

后续服务与反馈是采购流程的延续

采购流程并不会随着货款的支付而结束。工业品在使用过程中，可能会遇到各种问题或维修服务。因此，企业会与供应商建立长期的合作关系，确保在需要时能够获得及时、专业的售后服务。

此外，企业还会定期对供应商的表现进行评估与反馈，以优化供应商管理，提升采购效率与质量。

开发大客户项目的要点

需求分析

需求分析是采购流程的第一步。在这个阶段，销售人员需要尽早获取信息介入项目，尽可能在立项阶段就与客户建立联系。技术人员负责制定技术标准、材料清单和设备清单，这些将成为采购文件或招标文件的基础。销售人员积极与技术部门进行技术交流，通过组织技术交流会，详细介绍公司产品的技术特点和性能优势，赢得技术人员的认可，争取将产品体现在客户的采购架构中。

技术决策点

技术决策点是供应商调研与筛选流程中的关键问题。在此阶段，技术人员依据严格的技术标准，对候选供应商进行全面评估。销售人员需积极介入，通过凸显产品的技术优势、提供详尽专业的技术支持及成功案例，有效地影响技术决策过程。同时，紧密围绕项目实际需求，量身打造技术方案，以提升产品被采纳的概率。此外，应与客户保持密切沟通，跟踪进展，灵活调整策略，确保竞争优势。

进入谈判与签约阶段

进入谈判与签约阶段，客户开始对供应商的产品性能、价格、售后服务等进行深入评估，评估内容包括技术指标（产品的性能参数、质量标准、技术创新等）、商业条件（价格、付款方式、交货期等）、供应商资质（资质证书、过往业绩、市场声誉等）和服务能力（售后服务体系、技术支持能力、应急响应等）。销售人员需要深入了解客户的评估标准和权重分配，有针对性地展示自身竞争优势。入围决策点和中标决策点是两个关键节点，销售人员首先应确保公司提交的材料和资质齐全，满足合格供应商的入围要求，并关注在最终采购评估中评标小组的组成和偏好，充分展示产品的综合优势。

大型项目评标的最后阶段

在大型项目中，客户公司高层管理者的政治性决策可能在最后阶段影响甚至改变评估结果。销售人员应保持与高层管理者的良好关系，关注企业内部动态，及时调整策略，灵活应对，并预判可能的政治变化，制定备选方案，防止在最后阶段出现意外变动。

项目进入执行阶段

在项目进入执行阶段后，销售人员的角色转变为项目协调者和服务提供者，需要协同各方资源，确保项目顺利推进，并保持与客户的沟通，定期汇报项目进展，及时解决客户的问题和担忧，确保产品的按时交付、安装和调试，提供专业的技术支持和培训，处理突发事件，快速响应项目中出现的任何问题。

通过深入理解客户的采购流程，销售人员可以在各个阶段采取有针对性的策略，确保项目的顺利推进，包括从早期介入、影响技术决策，到中期的谈判与评估，再到后期的项目执行与监控。

案例6-1　汇川技术"一阶段一策略"开发兰州新能源项目

深圳汇川（本案例中统称"汇川技术"以示区分）寻求拓展新能源市场，专注于工业自动化和新能源装备的高科技企业。2018年夏季，汇川技术得知西部重镇兰州计划建设一座大型新能源发电厂，为此，他们决定委派营销总监组建团队，深入了解项目的结构，制定从初级到高级的市场策略，力争在激烈的竞争中脱颖而出。

同年8月初，营销总监召集了项目小组，成员包括资深销售工程师和技术支持工程师。小组的首要目标是在供应商调研与筛选阶段就介入项目，影响客户的决策过程。营销总监先是通过行业协会的渠道，联系到了兰州新能源项目的筹备负责人，并在初次会面时向对方详细介绍了汇川技术在新能源领域的技术优势和成功案例，强调了其在技术创新和定制化解决方案方面的能力，为后续合作奠定了基础。

在项目的初步设计阶段，汇川科技的营销总监积极地与负责设计的工程院和技术团队联系。他组织了

第六章
战法与连胜：大客户营销攻略

一场技术研讨会，邀请了项目的主要设计师和技术人员。会上，技术支持工程师详细讲解了汇川技术的核心产品性能、技术创新点，以及如何满足项目的特殊需求，同时针对项目特点提供了定制化技术方案，赢得了技术团队的认可。通过持续的技术交流，汇川技术的产品成功被纳入设计方案。

当项目进入中期的谈判与评估阶段，汇川技术的资深销售工程师和技术支持工程师在深入研究了客户的评估标准时发现，技术指标和服务能力是签约关键。于是，他们在投标文件中重点突出了产品的高效性、稳定性，以及公司完善的售后服务体系。他们还提供了翔实的资质证明和多个成功案例，增强了客户的信心。

然而，在入围决策点临近时，营销总监得知一家国际知名企业也在积极争取该项目，竞争异常激烈。意识到可能出现的政治性决策变化，他决定加强与项目高层的沟通。他再次拜访了兰州新能源项目的筹备负责人，强调汇川技术作为本土企业，在响应速度、成本控制和本地化服务方面的优势。他还提出了公司要在兰州设立区域服务中心的计划，以促进当地就业和技术提升。

在最终的评标过程中，评标小组对供应商进行了全面的评估。汇川技术凭借过硬的技术实力、完善的服务方案，以及对地方经济发展的承诺，成功入围并中标。

项目进入执行与监控阶段后，销售工程师负责与总包和分包单位的协调工作，以确保项目按时推进。他定期前往项目现场，与各方沟通，解决施工过程中遇到的问题。技术支持总监则提供了全程的技术支持，包括设备的安装调试和现场培训，确保产品性能达到客户预期。

通过对项目结构的深入理解，汇川技术在各个阶段均采取了有针对性的策略，从早期介入、影响技术决策，到应对中期的竞争者挑战，再到后期的项目执行和服务保障，成功实现了从初级到高级的战略提升。

项目顺利竣工后，兰州新能源发电厂的负责人对汇川技术的产品质量和服务水平给予了高度评价。项目的成功实施，不仅为汇川技术打开了西部新能源市场的大门，也为公司在行业内树立了良好的口碑。

第六章
战法与连胜：大客户营销攻略

▪▪▪▪ 大客户项目营销竞争策略：
因地制宜，扬长避短

大客户竞争定位策略是在企业了解客户需求的基础上，分析竞争对手可能采取的销售方案，并选择一个最有利的切入点，以满足客户价值最大化要求的策略。即把握客户需求的主线，围绕竞争的辅线，寻求最佳的产品、服务形式和位置，从而提供最大的客户价值。

聚焦竞争角度

企业或项目之间的竞争，是围绕客户需求展开的，客户需求决定了竞争的内容和形式，也为营销人员提供了制定策略的基础。营销人员需要具备换位思考的能力，从客户角度审视需求和竞争对手之间的差异，在业务能力差异化的基础上，制定引领客户的竞争策略。

影响客户购买的价值要素

客户在购买时主要考虑产品、服务、风险和经济四方面价值要素，共涉及 13 个指标。

产品方面

包括产品的功能和性能参数、质量标准、交货周期及技术兼容性。这些因素影响客户对产品的满意度和选择。

服务方面

包括技术支持的能力、服务的及时性和灵活性。优质的服务能够增强客户的信任感和忠诚度。

风险方面

涉及企业品牌、行业口碑和诚信情况。一般来说，客户倾向于选择信誉良好、口碑优异的企业，以降低购买风险。

经济方面

包括价格水平、付款方式、置换成本和维护成本，合理的价格和灵活的付款方式都会提高客户的购买意愿。

明确竞争的内容和维度

竞争对手之间的竞争，不仅是综合实力的较量，还会因具体项目的不同场景而产生关键指标的差异。综合实力的衡量可以通过对上述四个方面的 13 个指标进行评分，并加权汇总，得分最高者综合实力最强。

营销人员通过对各个指标的评分进行分项比较，判断出不同对手在关键指标上的差异，从而发现综合实力强于自己的竞争对手的弱点。在工业品采购项目中，竞争对手之间的竞争可能是综合实力的较量，也可能是围绕几项关键指标的竞争。明确竞争的内容和维度，是制定项目竞争策略的必要前提。否则，竞争策略容易流于纸上谈兵，难以在实际操作中取得预期效果。

因此，营销人员在制定竞争策略时，必须深入分析客户需求和竞争对手的差异，确保竞争策略的实施不流于形式，真正转化为企业赢得市场、提升竞争力的有力武器。

正面进攻策略

在特定的市场竞争或项目角逐中，企业若能在综合评分和关键业务指标上占据全面优势，就等于掌握了制胜先机。此时，可以采取正面高压策略，直接而有力的市场竞争手段，往往能取得事半功倍的效果。这种策略的核心在于，通过向客户提供远超竞争对手的卓越客户价值，让对手在正面交锋中难以招架，当有明显优势的企业出现时，客户自然会倾向于选择这样的企业。

正面高压策略并非盲目进攻,而是建立在深思熟虑的基础之上。企业需要在关键指标和关键环节上实施精准有效的管控,确保每一项优势都能转化为市场竞争中的实际胜势。此外,企业还需要对潜在风险进行预判,并提前制定应对方案。同时,企业还需要关注政策、法律等外部环境的变化,确保企业运营符合相关规定,避免因违规操作带来的风险。

在智能安防设备领域深耕多年的某智创科技公司,凭借出色的产品性能和优质的服务,逐渐在市场中崭露头角。在一次大型智能安防项目的竞标中,该智创科技面对多个竞争对手展现出强大的综合实力,其在产品功能、性能参数、质量标准、交货周期及技术兼容性等方面的全面优势,遥遥领先于其他对手。同时,在关键指标如技术支持能力、服务及时性和灵活性上,其也展现出了无可挑剔的实力。

但该智创科技公司并未掉以轻心,早在项目筹备阶段,公司的高层就察觉到了可能存在的潜在风险,如竞争对手可能采取低价策略进行恶意竞争,或是项目实施过程中可能出现不可预见的技术难题等。针对这些潜在风险,公司提前制定了详尽的应对方案,包括加强成本控制,以确保在价格上保持竞争力;建立应急响应机制,以确保在项目实施过程中能够迅速解决技术难题;加强与客户的沟通,以确保及时、准确地满足客户需求。

凭借正面高压策略与精准的风险管控,该智创科技公司成功地赢得了这一大型智能安防项目。

这一案例充分证明了,在特定项目中,当企业具备全面优势

第六章
战法与连胜：大客户营销攻略

时，采取正面高压策略，并辅以有效的风险管控，往往能够取得令人瞩目的市场佳绩。

命题重构策略

命题重构策略是一种高度灵活且富有创造力的市场营销与销售策略，其核心在于深入剖析并重新诠释客户采购的核心命题。这一策略不是对客户表面需求的简单响应，而是深入挖掘客户潜在需求，并将这些需求与显性需求巧妙结合后形成的一个全新的、对客户更具吸引力的采购命题。采用这一策略，企业不仅能够拓宽原有命题的范畴，还能够从根本上重新定义客户对于采购的期望与标准，为自身树立独特的市场竞争优势。

在采用命题重构策略时，企业往往面临着激烈的市场竞争环境，尤其是当竞争对手已经占据一定的市场优势，或是双方实力相当、难分高下。此时，传统的竞争手段可能难以取得突破性进展，命题重构策略则能成为一种出奇制胜的法宝。它要求企业在项目中期，即当客户尚未做出最终决定的关键时刻主动出击，并通过深入的市场洞察与客户需求分析，巧妙地调整客户的评估范围与评估标准。这一策略的实施，旨在从根本上改变竞争的格局，使竞争对手原有的竞争基础变得不再稳固，甚至彻底瓦解，从而在竞争中脱颖而出。

王经理是某大型医疗设备公司的业务经理，负责向某地级市省级医院销售高档彩超。面对医院中档彩超定位、预算限制及竞争对手公司的高市场占有率，王经理决定采用命题重构策略。

面对公司高档彩超具备但竞争对手的彩超设备不具备的高级技术性能和丰富的病例处理数据,王经理决定将医院决策人员分为经济型(关注成本收益)和技术型(关注性能方案)两类。

针对技术型决策者,他让公司的技术人员与其对接,以便更好地展示公司高档彩超高级图像处理、精细操作平台及大量病例数据的技术优势。

接着,借助技术型决策者的反馈,他在与经济型决策者沟通时,又格外强调了高档彩超的必要性及在临床应用上的资料价值,以唤起对方的危机感和认同感。

最后,王经理邀请医院相关人员考察正在使用公司设备的医院,考察结果令医院领导和医师都很满意。

通过命题重构策略,王经理成功地改变了医院的需求命题,瓦解了竞争对手的优势,转变了医院的价值评估标准,最终赢得订单。

价值组合策略

价值组合策略的核心在于通过构建一个全面的、系统化的解决方案,向客户提供一揽子的产品组合或服务,以此强化企业的竞争优势并吸引客户。这种策略不是关注单一产品或服务的优化,而是着眼于整体价值的最大化,通过多重价值的叠加,形成难以被竞争对手轻易复制的综合优势。

当企业面临实力与自身相当的对手,或是自身竞争优势受到挑战时，价值组合策略显得尤为重要。企业可以通过业务捆绑、与行业领先者的战略合作、提供增值服务及引入互补性的合作伙伴，打造出一条完整的价值链，从而形成一套有力的"组合拳"。这种策略不仅增强了企业的市场竞争力，还通过提供超越竞争对手的全方位价值，有效提升了客户的忠诚度。

以汇川技术为例，这家企业在面对竞争对手的价格战时，并未选择正面硬碰硬，而是依靠其系统化的开发和维护策略稳固市场地位。汇川技术的市场总监指出，他们通过构建包含多重产品组合及"管理输出＋产品输出"的综合服务模式，确保了自身即便在价格竞争的压力下，也能凭借卓越的客户价值稳固大客户基础。

这种策略不仅有效抵御了价格战的冲击，还进一步巩固了与大客户之间的长期合作关系。

研究数据佐证了价值组合策略的价值。当企业仅提供单一产品或服务时，客户留存率仅为15%；当企业提供两项产品或服务时，这一比例会跃升至45%~60%；若提供三项产品或更多服务，客户留存率可高达90%，这一数据展示了价值组合对于增强客户黏性的显著作用。

成功实施价值组合策略并非易事。它要求企业在前端策略设计上具备高度的创新性和灵活性，在后端组织能力上有足够的支撑，包括高效的供应链管理、强大的技术研发团队及优质的服务体系等。而后端能力的建设，通常是确保前端策略得以有效执行，最终实现客户价值最大化的关键所在。

案例6-2 盛弘股份利用优势提供新一代智能储能系统

深圳市盛弘电气股份有限公司（盛弘股份）成立于2010年，是一家总部位于深圳，专注于电力电子技术的研发与应用的高新技术企业。2023年3月，公司得知电网公司计划推出新一代智能储能系统，需要先进的电力电子和能源管理解决方案。该项目尚处于初期阶段，客户的需求和方案尚未完全确定，公司就开始指派销售总监前往该电网公司对接项目。销售总监了解到客户对智能储能系统的技术需求还不明确，正处于调研和方案论证阶段，便意识到这是介入的最佳时机，便立即采取行动。

销售总监在能源行业的研讨会上结识该电网公司的技术总监时，便充分向对方展示了盛弘股份在电力电子和储能领域的最新成果和成功案例，并特别强调了其在智能储能系统方面的技术储备和创新能力。该电网公司的技术总监对盛弘股份的实力表现出浓厚兴趣，并邀请盛弘股份的销售总监到公司进行更深入的交流。

其后，盛弘股份的销售总监组织了多次技术研讨会。盛弘股份的研发团队与该电网公司的工程师一起探讨了智能储能系统的技术需求、功能设计和未来发展趋势。通过专业的技术交流，盛弘股份帮助客户明确了项目的技术路线和关键指标，并为其量身定制了解决方案。

在项目初期介入的过程中，盛弘股份的销售总监意识到影响客户的评判标准对后续的竞争至关重要。他利用与客户建立的良好关系，积极地参与到客户招标文件的讨论中，并建议在评判供应商时，除了常规的价格和交货期外，应重点考虑四个因素：第一个是技术创新能力，强调了供应商在电力电子技术、能源管理算法和电网兼容性方面的技术实力；第二个是系统兼容性和可扩展性，以确保新的储能系统能与现有电网基础设施兼容，并支持未来的功能升级；第三个是售后服务和技术支持，供应商具备的快速响应和解决问题的能力；第四个是行业经验和成功案例，供应商在储能和电力电子行业的项目经验和业绩。

他还协助客户制定了详细的技术规范，并建议采用盛弘股份特有的通信协议和安全标准，而这些评判标准和技术细节恰恰是其他竞争对手难以完全满足的。此外，盛弘股份在商务条款上还提出了专业建议，例如合理的付款方式和违约责任规定。

盛弘股份始终坚持在合法合规的前提下进行合作，严格遵守国家的招投标法律法规。为了减少竞争对手的影响，盛弘股份的销售总监通过合法渠道了解了主要竞争对手的动向，并向客户提供了客观的市场分析，帮助客户更全面地了解不同供应商的优劣势。

由于项目初期的积极介入和专业引导，该电网公司在制定评判标准和技术规范时，充分考虑了盛弘股份的建议，这使得方案在后续的招标中具有明显的优势。最终，盛弘股份成功中标，成为该电网公司的新一代智能储能系统的解决方案供应商，双方签订了长期合作协议，该项目成功地为盛弘股份赢得了良好行业口碑。

▪▪▪▪▪ 大客户关系管理：客户维护与价值最大化

"战场""渗透""侧面进攻"及"巩固阵地"等词汇反映了许多营销经理人努力奋斗的心态。实际上，征服或单一项目的成功，仅是营销活动中的沧海一粟，以军事术语来说，若军队无法有效掌控并保卫其领地，那么征服便毫无意义。

如何走好胜利之后的路途？这就需要营销人员既能精准识别并维系住高价值客户，还能提升普通客户的价值，进而以客户产生的信任来强化客情关系，并在日渐深厚的情谊中形成彼此依赖的关系。

非转换型客户与转换型客户

受购买转换成本的影响，客户在长期采购中会自然分化为非转换型客户和转换型客户。非转换型客户呈现出较高的客户黏性，转换型客户相对更容易换供应商。转换成本包括投资的放弃价值加上经济惩罚，以及寻找、评估等与新供应商建立合作关系产生的所有费用。

非转换型客户需要供应商在稳定关系中频繁沟通、共同规划，以及不断地升级产品与服务。比如，当某汽车公司为某款车型挑选后视镜供应商时，双方关系的长期性便因款式需要共同设计、安装需要频繁沟通而得到巩固。由于与汽车公司合作的工具制造商通常依赖于与地区金属服务中心建立的准时制供货关系，这就意味着被替换的供应商不仅信誉良好，其互联网订购系统运行效率还要高。关键在于，该汽车公司必须承担学习新供应商的业务语言，消除沟通误解增加的额外成本，甚至还有可能引发因更换供应商产生的诉讼或违约的法律风险。因此，一旦客户甘愿承担这些成本也要选择新供应商，往往意味着原有采购体系已难以为继，并且，一旦客户花费巨资转向竞争对手，往往不会再次投入巨资回归原供应商。可见，尽管非转换型客户不易转换的特性有助于供应商客户留存，但是，当客户对现有供应商的产品性能不满，并且发现替代品优势足以抵消转换成本时，客户便会流失且几乎无法挽回。

转换型客户的特点是可灵活调整购买需求，且当前或未来有多个供应商分享其业务，常见于标准化产品，如卡车服务、公共餐饮业、咨询业、供应品及基础化学和原材料等行业市场。多家供应商竞争客户业务份额，使产品性能不易产生大幅波动。例如，在设定印刷技术要求后，买家会从多家有资质的印刷厂中选择其中一家合作,其考量的关键通常是价格和交货日期的可靠性,即使合作成功了,买家也可轻易将印刷业务转移给其他的备选公司。其业务份额每年会根据竞争环境、印刷公司在价格和规划方面的积极性而产生变动。

非转换型与转换型是工业品连续交换的两极状态,通常企业可以通过提供优质服务及响应客户需求有效地维系客户。如果企业能在结构性联结与退出障碍等维度上实现产品差异化,则有助于推动客户关系向非转换型的方向发展。例如,原本作为临时替代者的供应商,可以通过满足客户的偏好标准晋升为其重要供应商。尽管这些偏好标准因公司而异,但是通常涵盖质量控制、员工安全与培训、交付规范等几个方面。企业的营销人员也可以通过建立人际联系推动技术联结,以促使客户关系向非转换型演进。

此外,市场演变可能引导交换向其他方向发展,例如在计算机领域,兼容性和软件标准的引入显著降低了企业退出壁垒,便会促使交换由非转换型转向转换型。

经营客户关系

经营客户关系不仅仅要销售产品或服务,更要成为客户的战略伙伴,与其共同成长和发展。

理解客户与客户沟通是经营客户关系的基础

理解客户与客户沟通是经营客户关系的基础,对客户的理解不应局限于采购需求,而是深入理解客户的业务模式与市场、战略目标、组织结构与关键决策者,以及企业文化。

了解客户的业务模式和市场定位,有助于提供更具针对性的解决方案;理解客户的战略目标,有助于预见客户的未来需求,并向企业提供前瞻性的信息和相应的产品;熟悉客户的组织结构和关键决策者,能够更有效地沟通和协调资源;尊重并融入客户的企业文化,可以建立信任及长期合作关系。

企业通过对客户这些方面的深入了解,不仅可以提升客户满意度,还能增强客户忠诚度。与客户建立紧密的合作关系,不仅有助于企业实现短期的业务目标,更能为双方创造长期的价值。例如,某科技公司与一家大型零售商合作时,在深入了解了零售商的业务模式和市场需求后,为客户提供了定制化的库存解决方案,助其降低了运营成本,增强了市场竞争力。

沟通是拉近客情关系的黏合剂

在买卖双方建立持久关系的过程中,沟通至关重要。它涵盖高层管理人员间的会议,例如采购总监与营销总监旨在明确关系目标与原则的会晤;也涉及销售人员与采购人员在交易及运营层面的互动。

一旦双方结成伙伴关系,企业间的交流便涉及多个层面,工程师、财务与产品规划人员、运营与服务人员等。无论是单次不连续的沟通,还是构建连续沟通系统,均需慎重考虑沟通结构的效率。定期的双方评估会议,可以识别客户的运营障碍,发现潜在影响合作的因素,以及发现客户需要引入的新产品与技术。

第六章
战法与连胜：大客户营销攻略

专家交流对促进客情关系尤为关键，成功的企业常常采用创新的方式与客户沟通。例如，美国国防部与外部承包商合作共同开发机动车辆安全操作培训模块，起初进展缓慢，直至新的沟通专家团队接手，首个模块在三月内即研制成功。转变的关键在于，国防部并不看重承包商注重的深度培训，并因此阻碍了承包商的工作进展，沟通专家团队发现这一问题并解决了这一问题，为双方更好的合作建立起良好的联结。

顾客满意度调查已成为留存客户的关键手段。一般而言，满意度及再购意向等评估可以借助统计手段建模，并由服务属性、特征及职能等多种因素得出结论。

切勿将客户关系视为顺其自然的结果，工业品营销人员应秉持"不断追求卓越"的座右铭，警惕自满情绪。在留意外部机遇与威胁的同时，也应深挖内部低效的根源，这种全面关注能为彼此的合作关系开辟新的收益途径。

此外，企业在各层面推行赠品赠送等举措，真切体现了其对维系客户关系的重视与承诺。通过这些努力，企业不仅能够巩固现有客户基础，还能为未来的市场扩张奠定基础。

加强客户关系

在商业交往中，任何关系都不可能完全处于可控状态，客户关系更具不确定性，犹如合约条款中常提的"不可抗力"因素。很多外部因素都有可能导致关系发生变动，例如关键人员的职位变动或重新安置、企业所有权更迭后带来的全新预期与供应链调整，以及重要客户因战略调整而被重新部署到其他市场区域等。企业往往难以在这一系列动态变化中精准计划并全面控制客户关系管理的每一个环节。但是，企业可以通过积极强化客户关系，在一定程度上缓冲与对冲这些不安定因素，减轻潜在的不利影响，确保业务关系的稳定性和可持续性。

企业应明确且独立地关注客户关系的维系与加强，可以把过往的联结视为关系的一种基础架构，如同维持身体健康需要足够的营养、体力及脑力活动一样，关系的质量也不能仅停留在基础层面。良好的商务关系不仅关乎双方合作的顺利程度，更关乎双方在合作中实现共赢，共同迈向更高层次的可能性。因此，加强商务关系永无止境，不能满足于一时的合作而停滞不前，只有不断挑战自我、持续奋斗，才能在商务关系的道路上走得更远。

关注并确立超级目标是强化客户关系的关键策略。一般而言，常规关系会维系至双方目标均得以实现的阶段。然而，在联合利害关系显著增高时，双方都会竭力维持紧密的合作关系并追求持久发展。为深化此种关系，合作中的一方或双方均要不懈努力，时刻将共同目标置于首位。

多项权威研究揭示，面对外部群体的威胁时，群体成员往往会搁置分歧，紧密合作。同样，当企业意图融入整个价值增值链时，很容易就能察觉到与当前或主要交易伙伴之间潜藏的关系机遇与威胁。例如某机械制造企业与核心供应商建立了超级目标——共同研发高端设备，以提升市场竞争力。由于行业竞争激烈，双方暂时搁置了过往的小分歧，并紧密合作，最终成功推出了领先市场的产品，实现共赢。

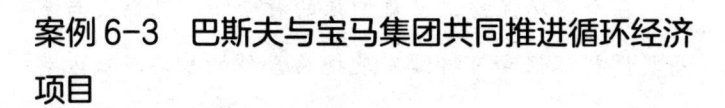

案例6-3 巴斯夫与宝马集团共同推进循环经济项目

巴斯夫作为全球化工行业中的翘楚，以其广泛的业务领域、卓越的产品线和技术实力，在化学品、材料及工业解决方案等多个领域均展现出非凡的领导力。宝马集团是享誉全球的汽车制造商，基于对高性能原材料及解决方案的严苛要求，巴斯夫凭借卓越的产品和技术实力，成为宝马集团的重要合作伙伴。

巴斯夫深刻理解宝马集团对于产品性能与质量的极致追求，因此，他们不仅仅把自身当成一个供应商，更把自身当成宝马集团实现创新愿景的重要伙伴。巴斯夫凭借其在化学品和材料领域的深厚底蕴，为宝马集团量身定制了一系列解决方案，这些方案不仅精准对接了宝马集团对材料性能、耐用性及安全性的高标准，还通过优化生产流程和技术革新，有效降低了宝马集团的生产成本，助力其在市场竞争中保持领先地位。

同时，巴斯夫与宝马集团积极开展技术交流和创新合作，双方共同探索新技术的边界，研发新材料，不断推动汽车行业的创新发展。这种深度的技术创新合作，不仅为宝马集团带来了技术上的突破，也赋予其更多的市场竞争优势，使其在新能源汽车、轻量化材料等领域均取得显著成果。

在全球环保意识日益增强的背景下，巴斯夫与宝马集团将环保和可持续发展视为合作的基石。双方共同努力，致力于减少碳排放、提高资源利用效率，推动循环经济的深入发展。巴斯夫为宝马集团研发了电泳漆和哑光清漆，电泳漆采用了生物质平衡方案，这一创新技术不仅确保了涂料的卓越防腐性能，还显著降低了二氧化碳排放。哑光清漆则在保持传统涂料优异性能的同时展现出色的外观效果，还能降低生产过程中的碳排放量。此外，巴斯夫与宝马集团还共同开展了一个旨在提升汽车用塑料回收利用率的试点项目。双方对报废的宝马车辆进行深入分析，探索高效的塑料回收技术，并计划将这些回收材料用于生产新的汽车零部件。

巴斯夫和宝马集团通过持续的合作和创新，建立了稳固的长期合作关系，共同应对未来的市场挑战和环保要求。双方在循环经济项目上的显著成果，不仅降低了碳排放和资源消耗，还推动了循环经济的发展和汽车行业的可持续发展。这不仅是对全球环保事业的积极响应，更是对汽车行业未来发展的深刻洞察和前瞻布局。

■ 第七章

渠道与共赢：利益保障和引领成长

在工业品营销领域，直销与渠道销售构成两种基础范式。直销模式由制造商直接对接客户，适用于技术复杂度高、定制化需求强的高价值产品，其优势在于服务深度、响应速度和价格控制，但是其市场覆盖范围会受限于人力成本与相应的管理成本。渠道销售则通过中间商实现市场渗透，具有资源杠杆效应，但是容易存在服务标准不统一的风险。

麦肯锡2023年调研显示，工业品企业采用混合渠道的比例从2018年的47%上升至65%，印证了工业品领域直销和渠道销售存在互补性。直销聚焦战略客户维护，渠道承担长尾市场开发，从而形成深度与广度的平衡。因此，对于多数工业品企业，渠道仍是不能忽视的重要因素。

第七章
渠道与共赢：利益保障和引领成长

▪▪▪▪▪ 工业品营销的渠道模式：厘清规划渠道的可选项

工业品渠道模式是价值传递网络的结构化设计。不同于消费品渠道的流量分发逻辑，工业品销售渠道需要平衡技术能力与商业效率，更需要强调技术服务嵌入与客户生命周期管理。根据高德纳咨询工业品渠道白皮书数据显示，优化后的渠道结构可以使企业运营成本降低18%~25%，客户响应速度提升40%。当前主流的准直销与分销模式，分别对应不同市场环境下的价值传递需求。

准直销模式

准直销模式中的制造商与渠道商既保留交易关系，又存在业务上的合作关系。双方通过能力互补实现职能分工，实现资源集约化配置和价值共创。制造商保留对核心技术、产品标准及大客户关系的控制权，渠道商则发挥本地化服务、非标需求响应及长尾市场覆盖优势，形成"控制+协同"双轮驱动机制。麦肯锡研究显示，采用准直销模式的工业企业在客户响应速度、服务渗透率等指标上均优于分销模式。

由于技术在工业品营销中发挥主要作用，制造商和渠道商会通过某种形式实现技术协同，如技术驻场、联合开发、即时反馈等，不论是哪种形式，实际上都是为渠道商技术赋能的，例如三一重工在代理商体系内嵌入了400+认证工程师。双方为实现数据互通，构建了双向透明的数字化平台，研发了双向访问权限的信息化软件，公开数据，包括客户数据、库存数据和设备数据。

数据互通在工程机械领域应用广泛，如日本小松集团通过数据互通极大地提高了经销商的平均库存周转率。准直销模式中制造商和渠道商通常会采用"底价+佣金"的利益分配机制，渠道商保留服务溢价空间，佣金比例随服务复杂程度而产生浮动，常规项目为8%~12%，EPC项目可达15%~20%。例如施耐德电气对渠道商设置五级服务能力认证，最高级别合作伙伴可获得技术溢价分成。

例如，针对每个行业客户，华为在全国各地的代表处都建立了直销团队，以便把握该区域、该行业的大客户关系，直接介入大中型项目。同时华为与当地的代理商共同参与投标，在投标早期就引入当地代理商，介入投标工作的整个过程，这种由华为的销售人员和代理商的销售人员双方配合的模式就是"准直销"。华为运作项目之后，项目标书由华为与代理商共同拟定，标书的技术部分由

第七章
渠道与共赢：利益保障和引领成长

华为的技术团队提供，商务价格部分由华为销售团队与代理商共同提供，项目的交付部分由华为的交付部门提供。代理商负责整合资料，参与项目投标，在投标前会由华为代表处给代理商发项目投标授权函。在该项目中标之后，会由代理商负责签订合同，参与完成项目交付，负责售后服务事宜。

随着工业互联网发展，准直销模式正从"人机协同"向"数智协同"进化，AI客服中枢统筹调度制造商与渠道服务资源。徐工机械的"汉云平台"已连接600余家渠道商，通过智能诊断系统使服务成本下降30%，客户设备综合效率提升18%。如今，工业品渠道体系正迈向"数据驱动、生态共荣"的新阶段。

分销模式

工业品分销模式是通过构建多层级渠道网络实现市场覆盖的流通体系，通常采用"制造商—总代—区域代理—分销商—终端服务商"五级体系。

分销模式主要适用于标准化产品和分散性市场。标准化产品如紧固件、电气元件等规格统一，采购决策链条短，降低了采购过程中的技术含量，分销模式的效率优势凸显，例如史丹利百得公司（Stanley Block & Decker, Inc.）通过分销网络实现全球50万SKU（最小存货单位）的精准配送；分散型市场需求如农业机械、建材等领域，单件采购金额较大，但是市场分布与消费品相似，非常分散，使直销模式无法有效触达市场，因此只能借助分销体系，例如三一重工通过 600 家县级经销商触达 10 万+小微客户，实现农机设备市场覆盖率从 38% 提升至 67%。

虽然分销体系具有一定的成本，但是可以实现对市场长尾的触达，如 ABB 低压电器覆盖 2800 个县域市场的渠道网络，西门子低压电器通过"城市合伙人计划"，在县域市场发展 1200 家授权服务点，其长尾客户贡献率从 12% 增至 35%。

分销模式中渠道商平均会承担应收账款总额 65%~80%，以及大约 45~60 天账期，这会减轻制造商的现金流压力，提高现金流周转率。英格索兰公司（英格索兰，Ingersoll Rand）通过该分销模式将应收账款周转天数从 78 天降至 45 天，释放流动资金 2.3 亿美元。分销体系的本地化库存和服务，有助于交付周期的缩短，满足中小客户的小量即时采购需求。菲尼克斯电气集团（菲尼克斯，Phoenix Contact）在中国建立 4 大区域中心仓+32 个省级前置仓，使地级市覆盖率达 100%，紧急订单满足率从 68% 提升至 92%。

此外，长期看市场需求总会出现需求量和价格的波动，分销模式中的分销网络可以缓冲这种波动，降低企业经营的系统性风险。在 2020 年疫情防控期间，施耐德电气通过分销网络消化 35% 的库存积压，较直销体系减少 1.8 亿欧元损失。

分销模式存在渠道冲突风险，霍尼韦尔曾因省级分销商价格战导致价格体系紊乱和利润下滑，后通过"专属销售区域+价格保护政策"重建渠道秩序：划定了 18 个专属销售区域，提高违规跨区罚款率至合同金额的 15%；引入区块链溯源系统，使窜货率大幅下降；实施了季度价格指数保护，使渠道毛利稳定在 12%~15%。

第七章
渠道与共赢：利益保障和引领成长

现代分销体系强调价值和能力分级，例如丹佛斯集团（丹佛斯，Danfoss Group）推行"渠道商能力分级认证"，主要围绕技术支持、服务能力等维度进行分类，并将渠道商支持等级与毛利空间挂钩。技术型渠道商专注于提供技术解决方案和产品定制服务，通常配备专业的技术团队，能够协助客户进行产品选型、系统集成及技术支持；服务型渠道商以售后服务为核心，覆盖安装调试、维修保养、快速响应等环节；认证渠道商通常为通过丹佛斯官方认证的一级代理商或核心合作伙伴，且具备销售资质和品牌授权，其直接对接丹佛斯工厂，产品来源可靠；普通渠道商通常为二级或三级代理商，覆盖区域性或细分市场，通过价格优势或本地化网络延伸销售触角，并在中低端市场快速铺货。

当前工业品分销体系正从"规模扩张"转向"价值共生"，领先企业通过数字技术重塑渠道价值，构建"弹性化、智能化、服务化"的新一代分销网络。例如博世力士乐集团（力士乐，Bosch Rexroth）搭建"云渠道平台"，实现智能分单系统自动匹配2000+渠道商服务能力，设备工况数据反馈提升了设备故障预警准确率，同时渠道库存与滞销品下降。艾瑞咨询数据显示，2023年采用智能分销系统的企业，渠道资源复用率提升150%，分销纠纷率下降85%，真正实现"毛细血管"式的市场渗透。

渠道模式选择的影响因素

对于一个实际经营工业品的企业来说，最佳的渠道模式通常是准直销模式和分销模式的混合。选择渠道模式需要界定两个问题：其一是准直销模式中公司直销和经销商之间的分工协作机制，其二是准直销模式和分销模式营业收入占比的平衡。这种界定通常会受特定因素的影响发生权变，包括行业技术成熟度、产品复杂度、市场分布、利润空间、竞争格局和企业战略。

渠道模式的选择首先受到行业技术成熟度的影响。技术成熟行业渠道结构稳定，分销模式占比会较高，例如传统电机行业分销模式占比超过70%；而技术迭代快的行业则采用准直销模式，厂商技术团队直接参与客户项目，以阳光电源股份有限公司（阳光电源）为例，其储能业务通过"厂商方案设计＋区域服务商交付"的准直销模式，2024年客户复购率提升至68%。

高复杂度产品需直销团队提供全流程服务，应当采用公司直销和准直销模式，定制化、技术复杂且售后服务要求高的产品则适合厂家直销。根据波士顿咨询2024年的数据来看，当定制化率大于30%时，准直销模式的净利率可提升5%~8%。中低复杂度产品易实现标准化，则适用分销模式，例如三菱电机株式公司（三菱电机，Mitsubishi Electric Corporation）通过2000家分销商实现标准PLC产品48小时全国送达。

客户分布集中的行业适用准直销模式，其定量的衡量标准是TOP20客户占比大于40%；客户分布分散的行业一般采用分销模式，其定量的衡量标准是长尾客户占比大于60%。如果客户订单价值低、量小、频率高、服务要求低，适宜分销；反之，价值高、量大、频率低、服务要求高，则宜直销。例如，瓦轴集团（瓦房店轴

第七章
渠道与共赢：利益保障和引领成长

承集团有限责任公司）针对不同价值的轴承分别采取直销模式和分销模式。

行业毛利润空间对渠道模式的选择具有制约作用，如果行业利润空间较小，尽管有些产品的定制化需求较高，也难以承担直销和准直销模式相对较高的渠道成本。如果从经济角度考虑，厂商也会降低产品的定制化程度，但是在渠道上依然会以分销模式为主。据波士顿咨询测算，如果产品的行业毛利率高于35%，准直销模式定制化产品净利润率有所提升，而产品毛利率低于30%时，采用分销模式则更具经济性。

行业竞争结构也会对企业渠道形成短期影响，在激烈市场竞争中，后发企业常采取差异化渠道策略；当领先者采用分销时，追赶者可聚焦直销模式进行重点突破；传统企业固守线下时，新进入者可结合线上渠道，整合线上与线下销售。

企业应根据自身实力和战略定位选择渠道模式，弱势企业适合独家分销，强势企业则可选择多家分销。品牌影响力和渠道管理能力同样影响渠道设计，小品牌适合独家分销，市场领导品牌适宜多家分销。

工业品企业在选择渠道模式时，必须从外部环境和企业经营两个角度综合思考，渠道策略还应随企业发展阶段和核心能力灵活调整。例如海天塑机集团有限公司（海天塑机）在成长期通过分销模式实现35%年复合增长，进入成熟期后建立200人直销团队攻坚汽车高端市场。

工业品企业还需要根据行业态势调整渠道策略，实现最佳效果。某些头部企业已经建立渠道弹性指数评估体系，评估维度包含技术迭代速度、客户离散度、毛利波动、竞争密度、战略匹配度，当指数大于一定数值时，应启动渠道重构，例如伊之密（伊之密股份有限公司）2024年将海外市场分销占比从75%下调至60%，同步增设本地化技术服务中心。这种基于数据驱动的动态调整，显著地提升了渠道效率。

案例7-1 华为BG的"铁三角+金牌代理"渠道模式

华为BG（Business Gronp）的"铁三角+金牌代理"模式源于其全球市场实践中的组织创新。2006年华为在苏丹市场项目运作失败后，发现传统单线沟通模式是无法满足复杂客户需求的，因此首创由客户经理（AR）、解决方案专家（SR）、交付经理（FR）构成的"铁三角"团队，实现前端需求快速响应与后端资源高效协同的方式。在2010年后，华为结合渠道生态建设需求，引入"金牌代理"机制，形成"铁三角主导战略客户，金牌代理覆盖区域市场"的立体网络，旨在平衡深度服务与市场覆盖效率。

"铁三角"直销团队的目标客户是全球500强企业或政府级项目的战略客户，例如华为直接服务中国移动的5G基站建设项目，需做到深度技术协作与长期服务保障。金牌代理的目标客户是区域重点客户及垂直行业定制化客户，聚焦解决方案集成与本地化服务，包括技术适配、售后支持及行业场景开发，金牌代理需要对区域头部企业及长尾市场实现一定的覆盖率。2024 年数据显示，华为 BG 代理渠道覆盖客户数占比高达 68%。

　　华为对金牌代理的选择和能力要求遵循"三维能力模型"。第一是技术能力，金牌代理需通过 L2 级技术认证，例如其具备云计算、AI 等领域的解决方案开发能力；第二是市场覆盖能力，其在目标区域拥有至少 30% 的行业客户覆盖率，并配备本地化服务团队；第三是生态协同能力，其参与华为的 OpenLab（生态伙伴构建的开发合作平台）联合创新项目，具有技术整合能力，例如其能在半年内完成至少两个行业解决方案的本地化落地。

　　当金牌代理与华为合作开发区域市场时，金牌代理侧重于包括技术适配、客户培训、快速响应等方面的本地化服务。金牌代理能根据区域客户需求调整技术方案，使解决方案更适应当地客户需求，例如其为东南亚客户优化数据中心做的散热设计。金牌代理会定期开展客户技术培训，例如某代理商为制造企业开设工业物联网工作坊，提升客户技术应用能力。金牌代理还负责快速响应客户，承诺并实现 48 小时内的现场支持。

此外，华为与代理商在 19 个行业 OpenLab 中分工协作进行联合研发，华为提供云平台、AI 算法等技术底座和标准接口，占研发投入的 60%，代理商则负责行业场景适配与落地，贡献剩余 40% 的定制化开发。例如在智慧医疗领域，某代理商基于华为 AI 平台开发影像诊断系统，成功应用于 50 家三甲医院；某金牌代理联合华为 OpenLab 开发矿山智能化方案，实现井下设备远程管控，项目中标金额超 2 亿元，其客户生产效率提升了 35%。

2024 年，华为 BG 营业收入中来自战略客户的直销收入占比约 33%，毛利率维持在 40% 以上，代理收入占比 67%，以区域客户和标准化产品为主，毛利率约 25%~30%，代理利润总额超过直销。该模式通过"铁三角"保障服务深度，借助金牌代理实现了市场广度，形成"双轮驱动"效应。其成功的关键在于，其构建了"技术赋能+利益共享"的生态体系，既保持了对核心客户的控制力，又释放了区域市场的活力。

第七章
渠道与共赢：利益保障和引领成长

■■■■ **工业品营销的渠道设计：根据实际优选渠道**

工业品营销渠道设计的原则是利用最小的渠道成本，构建价值交互效率最大化的网络体系。渠道体系需要具备技术穿透能力，以确保技术解决方案能够直达终端客户，还要具备一定的触点密度，能够根据客户分布特征布局线上线下触点。

工业客户平均需要 5.2 次有效触达才能实现转化。构建多维触点网络，渠道网络还应实现对响应速度的控制，80% 的工业品客户要求 48 小时内获得技术支持，对应 100 公里服务响应圈。

工业品企业的渠道体系一般由多种渠道形式构成，但每种渠道形式的建立都是价值交互与传递效率的平衡。

分销渠道

　　工业品分销体系是以层级化网络为骨架的多维流通生态，其典型结构呈现"制造商—总代—区域代理—分销商—终端服务商"五级渗透模型。在紧固件、电气元件等标准化产品领域，制造商会通过总代实现省级市场覆盖，平均每家总代管理 15~20 个地级市，区域代理负责地市级渠道深耕，例如 ABB 低压电气产品对每个区域代理服务半径不超过 300 公里，其最终由 6.8 万家认证分销商触达终端客户。由于数字和智能技术的应用，现代分销体系正经历结构性变革，智能分销模式使工业企业渠道管理成本降低，并真正实现了毛细血管式的渗透。

　　卓越企业会通过经济性与可控性互驱实现自身的持续增长。在分销渠道设计中，企业需依据发展阶段动态调整策略，平衡经济性、可控性与成长性三个维度。资源有限的新入局企业通常以最小成本实现市场突破为核心目标，并选择独家代理模式，借助合作方的成熟网络与行业经验，快速建立自己的渠道基础。

　　初步打开市场后，企业需要同步提升自身的渠道控制力，通过分级授权、价格管控协议等措施，在维持渠道扩张效率的同时防范窜货风险。当企业品牌具备市场影响力时，渠道健康度成为其核心，要建立数字化监控体系，实时识别低价倾销、跨区窜货等异常动态，并通过动态奖惩机制维护价格体系，还需要投入一定的渠道精细化运营成本，才有可能保障长期利润。

第七章
渠道与共赢：利益保障和引领成长

行业展会与专业会议

行业展会与专业会议是工业品营销的核心渠道。大部分工业品采购决策者将展会列为筛选供应商的主要渠道，而专业会议比其他渠道的高价值客户转化率高出很多。

行业展会是工业品企业展示技术实力与品牌形象的立体平台。通过展台设计及技术演示，企业可将抽象技术能力转化为客户可感知的体验，例如宁德时代在中国家电及消费电子博览会中通过全息投影技术呈现电池内部结构，直观传递技术优势。优质展会是稀缺资源，企业通过抢占核心展位、发布前瞻技术，可以实现对对手的压制，例如三一重工在慕尼黑工程机械展发布电动化产品矩阵，回应欧洲市场低碳转型需求，完成市场卡位。

当前展会营销逐步呈现出体验数字化、传播矩阵化、价值长效化等新趋势。在德国汉诺威工业展中，西门子通过"数字孪生工厂"实景演示，直接拉动其工业软件产品线年度订单增长23%。中国国际进口博览会工业装备展区促成3200家上下游企业对接，形成产业协作网络。ABB通过会前精准邀约、会中方案演示、会后快速跟进的三段式管理，将展会线索转化周期从90天压缩至45天。

专业会议是技术标准制定的前哨站。专业会议如技术研讨会、行业峰会，通常是技术标准制定的前哨站，企业通过发布白皮书、主导议题设置，可深度影响产业链生态，例如自动化企业借助"会议营销"模式，在展会同期举办无线网络技术论坛，既吸引了专业观众，又塑造了行业权威形象。

行业展会与专业会议已突破传统展销功能，演变为技术生态构建、客户关系升级、行业话语权争夺的战略阵地。通过主办方搭建的跨领域协同创新技术验证平台，企业可以充分展示自身的集成虚拟现实技术、智能导览系统等创新技术，同时依托线上线下全渠道互动，实现客户画像精准分析及全生命周期关系管理。头部企业更是可以通过战略发布会输出行业标准，并在新技术路线竞争中抢占定义权。

B2B 电子商务平台

作为工业品营销渠道之一的 B2B 电子商务平台，通过数字化整合，重塑了传统供应模式。其价值在于构建在线交易网络，实现工业品供需精准匹配与全流程协同管理。

工业品电商在国内经历了三个阶段。第一阶段是 2010—2015 年的信息平台期，标志事件是阿里巴巴 1688 汇集 650 万 SKU，解决了信息不对称问题；第二阶段是 2016—2020 年的交易平台期，标志事件是震坤行 GMV（商品交易总额）破百亿，实现 MRO 品类的在线化采购；第三阶段是从 2021 年至今的服务生态期，标志事件之一是京东工业品提供从智能选型到设备管理的全链路服务，客单价突破 8 万元。而最新数据显示，通过智能推荐其选型效率提升 40% 左右。米思米公司通过"3D 模型库+AI 选型系统"，将非标件采购周期从 3 周缩短至 72 小时。

B2B 电子商务平台革新了工业品企业与客户间的交易方式，平台涵盖在线询价、招标竞价、大宗直采等多元交易模式，跨越地域界限，促进全球供应商无缝对接。例如京东工业品凭借智能推荐技术，将采购周期由传统 7~15 天缩短至 24 小时，显著提升了常规工业品采购效率。平台集产品展示、订单管理、物流追踪及供应链金融等一站式服务于一体，例如三一重工打造的全球服务网络，当其通过统一客户界面，实现 129 个国家设备租赁与技术支持的即时响应时，B2B 平台则以其标准化的方式输出这些服务。平台基于交易数据构建企业信用体系，运用 AI 算法分析采购行为，预测未来需求。工业品跨境平台则采用区块链技术，实现质量全程可追溯，供应商资质审核效率提升了 60%。此外，平台积累的大数据还能反哺厂商产品研发。

当前 B2B 电子商务平台正迈向智能化的新阶段。物联网技术实时回传设备运行数据，使平台能精准推送耗材采购建议。VR/AR 技术赋能工业设备线上三维检验，有效地降低了采购决策风险。深度融合数字技术的营销渠道，已成为工业品企业开拓全球市场的基础设施。

案例 7-2　西门子（中国）的复合型渠道体系

西门子（中国）（西门子（中国）有限公司）构建的覆盖全价值链的复合型渠道体系，是以 28 家核心方案商和 160 家区域服务商为主干，辅以电商直营店与行业生态伙伴的协同网络。该体系兼具垂直管控与生态协同特性，实现技术穿透与市场覆盖的平衡。核心方案商负责技术集成与高端项目落地，区域服务商执行本地化交付，电商渠道强化C端触达，生态伙伴则补足细分领域能力。

28家核心方案商是西门子（中国）高价值业务的引擎。它们聚焦工业自动化、能源管理等高端领域，主要服务全球500强企业及政府级项目的战略客户，承担定制数字化解决方案与项目总包职能。它们需要通过西门子的技术认证，具备行业专项技术与系统集成的能力，其技术穿透能力需配备L2级认证工程师团队，并能够深度参与客户全生命周期管理。例如在智能制造场景中，方案商基于西门子工业软件有限公司开发定制化解决方案，直接服务于中石油、宁德时代等头部客户。

该渠道使西门子（中国）得以锁定毛利润率超过30%的高毛利项目，同时降低自有团队人力成本。2024年数据显示，该渠道贡献利润占比达40%以上，主要源于高毛利率的软件及自动化业务。160家区域服务商是市场渗透的主力，承担设备分销、售后维护及中小客户开发职能，通过本地化库存和技术团队缩短交付周期来满足中小客户的即时需求。

区域服务商采用分级授权制：一级服务商对接省级市场，二级下沉至三四线城市，获利与激励方式是

第七章
渠道与共赢：利益保障和引领成长

"销售返点+技术服务费"。区域服务商的价值体现在风险分散、规模效应、稳定基础业务营业收入。

电商直营店是西门子（中国）渠道体系的效率提升抓手。自建如西门子商城，同时与京东、天猫旗舰店构成直达终端用户的渠道，主打标准化工业品如PLC模块、传感器、电气元件和基础自动化设备，通过线上采购平台实现交易效率跃升。通过精简中间环节，电商渠道贡献约18%的营收增量，其优势是价格体系透明化和客户数据实时反馈。最新数据显示，其复购率达68%，销售费用率却下降了3.8%。

行业生态伙伴是西门子（中国）细分市场的撬动者。其通过生态合作产生的协同收入约占整体营业收入的9%，年增长率达25%。西门子（中国）与专注于汽车、能源等垂直领域如谷歌（车载系统）、阿里云（工业互联网）、中控技术（流程工业）等200+生态伙伴进行战略合作，并通过联合开发行业解决方案拓展增量市场，实现了场景化解决方案增值；在智慧建筑领域，联合霍尼韦尔开发系统集成方案，带动相关产品线毛利率提升了5.2%。

该渠道结构使西门子（中国）实现技术溢价与规模经济的双重收益，推动西门子（中国）近五年营业收入CAGR（Compound Annual Growth Rate，复合年增长率）达到9.3%，显著高于工业设备行业4.1%的平均增速。核心方案商与行业伙伴拉动西门子（中国）高利润业务增长，区域服务商与电商渠道保障其现金流稳定性，形成"高端定制+长尾覆盖"的良性循环。这一设计成功平衡了西门子（中国）的技术深度与市场广度，成为其维持15%以上实体业务利润率的关键战略支撑。

第七章
渠道与共赢：利益保障和引领成长

▪▪▪▪▪ 工业品营销的渠道管理：动态运行与优化

通过精心构建的渠道网络，企业能够确保产品准确地送达目标客户手中。渠道管理是在渠道设计的基础上，对渠道成员进行的培训、激励、监督和调整，确保其能够充分理解产品特性、积极推广，并有效地服务客户。有效的渠道管理，能增强企业与渠道合作伙伴的忠诚度，形成稳定的合作关系，共同抵御市场竞争风险。

自20世纪90年代以来，工业品企业渠道运营经历关系管理、专业管理、战略合作和战略顾问四阶段，与《孙子兵法》中"上兵伐谋，其次伐交，其次伐兵，其下攻城"的战略思想相呼应。企业在20世纪90年代依赖关系管理，耗费资源且管理成本高；2000年后企业采用绩效考核推动渠道，短期有效但长期可能引发分销商抵触。成熟企业通过利益机制稳固渠道，顶尖企业则更注重战略规划，构建稳定的合作伙伴关系。企业应依据自身资源和战略，选择合适的渠道管理策略，避免短视扩张，从而实现最优分销。

渠道管理的职能

在现代商业竞争中，工业品渠道管理已成为决定商业竞争成功的关键环节。厂家与渠道商的合作，不能局限于产品销售，应深入贯彻执行企业的战略理念。

策略性地扮演好如牧师、专家、考核者、治理者和服务员等角色，并根据不同的场景灵活切换，是一般工业品企业的渠道经理运营与管理渠道商的成功关键。作为牧师，渠道经理要坚定渠道商对企业发展方向的理解和认同，并与其分享企业成功经验，确保其与企业始终保持步调一致；作为专家，渠道经理要向渠道商提供专业的业务指导与培训，助力其提升开拓市场、维护客户的能力，例如博世建立的渠道大学，年均培训达 8000 人次；作为考核者，渠道经理要通过持续的正向引导、激励与处罚并重的方式，激发分销商的自我驱动力，实现厂家与渠道商的双赢局面；作为治理者，当渠道成员之间发生冲突时，渠道经理要及时协调处理相关矛盾，若个别渠道成员违规，渠道经理还要制定并执行处罚方案；作为服务员，渠道经理应随时为渠道商解决问题，协助其服务线下客户，强化终端用户的忠诚度，进而促进销售增长。在这一过程中，渠道经理必须始终保持清醒的头脑，从战略高度来规划与执行渠道管理策略。

第七章
渠道与共赢：利益保障和引领成长

菲尼克斯（中国）推行"渠道经理嵌入式办公"模式，通过人员驻点、资源共享和技术赋能，实现了对合作伙伴的管理、赋能和协同。

菲尼克斯（中国）的渠道经理长期入驻重点合作伙伴的办公场所，直接参与其日常运营会议、客户拜访和技术方案设计。借助嵌入式办公机制，渠道经理可快速调取公司总部的资源，例如为合作伙伴开放 PLCnext 生态系统开发接口，针对特定行业需求（如智能教育），允许合作伙伴有限度地使用其专利库中的工业连接技术。

同时，菲尼克斯（中国）通过"嵌入式导师制"培育合作伙伴的技术团队，每年为合作伙伴的工程师提供不低于 80 课时的 PLCnext 技术认证课程，优秀合作伙伴的员工还有机会申请至其研发中心交流任职。

渠道绩效评估

企业需每 1~2 年重新评估渠道结构适配度。渠道绩效评估的基本理念是把现存渠道体系看成一个整体或某个单独核算单元，会对其一段时间的运营从成本和收益两个角度进行评估，从而发现渠道体系和公司战略的适配性、渠道体系中的设计问题、运行中的短板等问题。这类似于企业经营分析，能对渠道体系进行优化设计和机制改善。

企业对渠道商的评估指标包括市占率、毛利率、渠道冲突率等几个方面，但是评估应形成一种包括结果和能力两个方面的体系，并不断创新。常规结果导向的评估体系是包含财务、客户、运营、成长四大维度的动态平衡计分卡,通常赋予渠道商分别为30%、25%、30%、15%的权重。财务维度重点考核市场占有率、毛利率及回款周期,客户维度通过线索转化率、方案通过率、交付满意度等指标评估客户旅程贡献度,运营维度关注渠道冲突率、订单交付时效和库存周转率,成长维度则侧重于新技术应用率、培训投入强度及协同研发参与度。能力导向的评估工具是建立渠道商能力矩阵评估模型,分别从技术理解、服务能力、资源投入三个维度进行渠道商画像和描述。

由于渠道体系的混合性,渠道商评估体系需要差异化实施和不断创新。要针对技术型、服务型、分销型渠道商配置差异化权重,并利用信息技术将评估工具智能化,例如通过CRM系统实时抓取数据,运用机器学习算法动态调整评估参数。

在分销商管理中,企业的合作策略需具备灵活性与精准性,以维持健康的业务关系、支持市场策略和品牌形象。通过定期的绩效评估,企业可以从业绩、能力和意愿三个维度对分销商进行科学评估,将其划分为"绿灯""黄灯""红灯"三类,并采取相应的激励、改进或惩罚措施。

业绩评估要关注销售额、增长率和市场份额等方面的问题,能力评估包括销售覆盖、客户拓展、团队建设和财务状况,意愿评估考察市场开拓意愿和对企业的配合度。企业应给予表现优秀的"绿灯"分销商表彰和激励,向有改进空间的"黄灯"分销商提供培训和指导,对于表现不佳的"红灯"分销商,要优先考虑整改而非终止合作，从而维护市场的稳定及长远利益。

渠道调整

工业品渠道调整的触发条件

工业品渠道调整的触发条件主要包括两大类，一类是经营环境或者企业战略发生变化，一类是渠道商的绩效偏离预期。

经营环境或者企业战略发生变化

当市场环境发生变化时，例如外部竞争加剧、需求结构转变或行业政策调整，企业可以通过渠道重构来应对市场波动，例如在国际原材料价格波动迫使企业淘汰低效渠道，转而寻求高附加值合作时，施耐德电气为应对新能源需求，将新能源方案商占比提升至35%；在企业战略转型之际，无论是进入新市场领域的企业还是产品线升级的企业，其原有的渠道都有可能无法满足新的技术推广要求，例如工业品企业从传统设备销售转向智能化解决方案业务，就需引入具备技术集成能力的渠道伙伴；在数字化转型背景下，传统分销模式难以支撑实时数据交互需求，企业需要借助渠道电子化改造来重构价值链协作关系。

渠道商的绩效偏离预期

若渠道商的绩效偏离预期，例如渠道成员在销售额达成率、终端覆盖率或客户响应效率等关键指标上持续不达标；经验性量化指标为渠道商连续两个季度健康度指数不及格，区域市场覆盖率三年复合增长率不足 8%，客户满意度下降超过 15%。此时，企业应启动渠道优化程序，采取包括替换代理商或调整区域渠道结构等措施。另外，当渠道冲突加剧时，如线上线下价格体系出现混乱、跨区域窜货现象频发，或代理商与企业利益目标出现严重分歧，企业应调整代理模式（例如将独家代理转为多家代理的模式）或进行权责重构，从而有效地化解矛盾。

分销商更换策略的三大原则

分销商更换策略应遵循"掌控""清理""时机"三大原则。

掌控

要掌控分销商的核心客户资源，通过日常拜访、技术服务等方式与最终用户建立直接联系。

在更换实力较强的分销商时，应通过提升其物流能力等策略，逐步掌握其下线分销商资源。同时，提前物色替补分销商，确保市场平稳过渡。

清理

更换分销商前必须妥善清理其库存和欠款问题。企业可以通过促销、区域调货等方式逐步消化库存，避免引起市场混乱。同时，确保欠款回收，从而降低企业的财务风险。

整个过程需严格保密，防止信息泄露引发市场动荡。

时机

更换分销商的时机应选择在销售淡季，避免旺季更换影响市场竞争力。决策权应收归企业总部，避免一线人员个人因素的干扰。

企业可以通过谨慎沟通和合理安排，最大限度地降低因更换分销商造成的市场负面影响，从而确保渠道策略的顺利实施。

渠道商调整策略的三大原则

渠道商调整策略应遵循"慢一拍""给台阶""留面子"原则。

慢一拍

更换渠道商的决策权应收归企业总部，避免一线人员因私怨影响决策。

收到撤销申请后，企业应进行充分沟通核实，不急于批复。

给台阶

对未达标的渠道商设置整改缓冲期，制定分级整改方案，给予改进机会。

留面子

更换渠道商时要注意方式方法，对外宣称是双方协商结果，维护对方声誉，避免冲突升级。

通过理性、渐进的方式处理渠道商调整，既能维护企业利益，又能保持良好商业关系。

案例 7-3　卡特彼勒 2021 年渠道调整举措

卡特彼勒对其全球代理商依据技术能力、服务覆盖、数字化水平等指标进行了动态综合评估，采取白金、金牌、银牌三级划分，优化渠道网络效率并强化服务能力。白金级代理商需要具备行业解决方案开发能力，拥有超过行业标准面积30%的大型仓储中心，以及能够负责跨国或大区域市场、覆盖至少10个国家、服务网络密度达到每10万平方公里1个服务中心；金牌级代理商需要具备覆盖核心产品线的技术服务能力，例如设备维护、翻新升级，并承担区域市场培训职责，投资额在2000万至5000万美元之间，覆盖省级或国家级市场，服务半径不超过200公里；银牌级代理商需要具备聚焦基础销售与售后服务、满足标准化产品交付与48小时现场响应要求的能力，以及投资额低于2000万美元、服务半径控制在50公里内。总之，白金级贡献利润、金牌级支撑规模化收入，银牌级保障长尾市场覆盖。

在2021年全球供应链危机中，卡特彼勒因芯片短缺导致电子控制模块供应缺口达30%，北美工厂劳动力缺口扩大至15%。双重冲击迫使其交付周期从平均

45 天延长至 90 天，传统"库存驱动"渠道模式失效。卡特彼勒先是重构了库存管理，启动"动态安全库存"机制，优先保障矿业、能源等战略行业代理商的芯片供应，优先向需求旺盛地区（如亚太市场）调拨设备。同时，卡特彼勒启动代理商网络升级计划，主要内容是数字化工具部署、服务能力强化和渠道结构调整。卡特彼勒推动代理商采用 Cat® 智能运维平台，实现全球 150 万台设备互联，其代理商可以通过数据分析，预测设备故障。

此外，卡特彼勒要求代理商增加后市场服务的投入，扩展设备租赁业务收入，推出"小时工模式"，通过代理商派遣技术团队驻场运维，推出 Cat® 认证翻新、新动力升级等方案，以延长设备生命周期，并通过再制造技术将旧设备性能恢复至新机标准。卡特彼勒还在 2021 年淘汰 6 家低效代理商，同时发展了 15 家聚焦可再生能源及矿山电气化领域的行业方案商。

卡特彼勒 2021 年渠道调整的目标是通过强化服务与数字化能力应对供应链波动及能源转型挑战。其通过技术穿透、服务升级与生态重构，强化了卡特彼勒在周期性行业中的抗风险能力，推动其从设备供应商向解决方案运营商转型。其财报显示，2021 年卡特彼勒服务业务收入增长至 230 亿美元，同比 2020 年增长了9%；尽管其在2022年一季度新机的交付量下降了8%，但是其渠道端的利润仍逆势增长了5%；在2023年，其服务收入占比提升至总营收的45%。

■ 第八章

国内与国际：海外市场的评估与开拓

营销的概念、过程和原则均具有普遍性。这意味着无论是在国内从事经营活动，还是在海外从事经营活动，其营销者的任务都是相同的。国内营销和国际营销的唯一差别在于，国际营销是在一个以上国家进行的，这只能说明国内营销和国际营销实施营销活动的环境不同，但是其适用的营销概念仍然相同。

不同环境产生的困难是国际营销关心的主要问题，包括法律限制、政府管制、多变的消费者等产生的一系列竞争性的陌生问题和不可控因素，以及应对这些因素应采取的策略。

第八章
国内与国际：海外市场的评估与开拓

▪▪▪▪ 开拓海外市场的条件：胜兵先胜后求战

企业开拓海外市场首先应该对自身竞争力和海外市场情况进行评估分析。换言之，企业只有具备了一定的条件，才有可能顺利地开展海外营销活动。

一般来说，能够进军海外市场的多数企业是所处行业的头部企业，已经在国内积累了一定的独特优势和内部能力，因国内市场饱和，它们通过开拓海外市场来提高企业的投资收益水平。例如2002年华为主流产品的国内市场份额均已超过40%，在国内传统市场增长乏力的情况下，站在市场格局的角度来看，华为认为，如果不尽快将产品覆盖全球，将造成投资浪费和机会丧失，因此华为只能大力拓展海外市场。

工业品企业的国际比较优势

在当今经济格局中,从宏观视角来看,单个工业品企业的海外销售活动正是构成国与国之间国际贸易网络的基本单元。国际贸易这一跨越国界的经济活动,并不是随意发生的,而是植根于一系列经济活动之中的规律,引导着资源、技术、商品在全球范围内的流动与配置。

当两个国家进行贸易往来时,其互动模式往往取决于双方经济发展水平的相对位置。若目标国家相较于本国拥有更为先进的经济体系,这种贸易关系往往呈现出一种"技术换资源"的模式,在此情境下,技术密集型的产品和服务成为目标国输出的核心,本国则以能源、矿产等丰富的自然资源,或是低成本的劳动力作为交换;如果目标国与本国经济发展水平相当,那么贸易的主要内容则更多聚焦于资源之间的直接交换或是产业内部的精细分工,这种"平行贸易"模式促进了双方在同一发展水平上的合作与竞争,有助于深化产业链整合,提升整体生产效率;当目标国经济发展相对滞后时,本国则有机会通过输出技术型产品和服务来换取对方的生产性资源,这种"技术援助式"贸易不仅有助于目标国的经济发展,也为本国企业开辟了新的市场空间,实现了双赢的局面。

随着全球交通运输体系的日益完善和信息技术革命的发展,国际贸易的边界被极大地拓宽,不再局限于传统的双边贸易,而是演变为涉及众多国家的全球性经济活动。这一转变要求企业在出海

第八章
国内与国际：海外市场的评估与开拓

前，不仅要考虑与目标市场的比较优势，还需在全球范围内审视同业竞争态势，形成所谓的"竞争性比较优势"，这意味着本国不仅需要与目标国形成比较优势，还要与同业的第三国形成竞争优势。

华为 2002 年启动的全球化战略转型，正是在深刻理解上述经济规律的基础上做出的明智决策。作为从中国市场崛起的电信巨头，华为在国内市场与世界顶级企业同台竞技的过程中，积累了丰富的实战经验。

通过不断学习并吸收国际先进的研发、营销、管理和竞争策略，华为逐步建立起一套与国际接轨的运营体系。在人力资源管理上，借鉴美国的先进理念；在产品开发管理和供应链优化上，引入美国的 IPD（集成产品开发）和 ISC（集成供应链）体系；在制造和质量控制上，则坚持企业自身的严谨精神。这些全球一致的商业逻辑和管理精髓，为华为开拓国际市场夯实了基础。

华为在每一个区域市场的成功，不仅依赖于与目标国的产业互补优势，也依赖于华为与第三国相比的全球竞争优势。华为的成功，在于华为不仅仅是一个技术或产品的提供者，更是一个能够理解并适应全球贸易规则，灵活调整自身战略，以竞争性比较优势在全球市场中脱颖而出的典范。

对于工业品企业而言，出海前的深入分析与准备，特别是对自身优势、目标市场特征及全球竞争态势的准确把握，是决定其在国际舞台上站稳脚跟、持续发展的关键所在。

海外营销政策环境风险

东道国政府制定政策，旨在针对特定问题，结合本国资源状况及政治立场，力求最大化促进国家利益，并在政策中得以体现。政策通过鼓励、支持或禁止、限制公司经营活动的方式，对企业施加影响。

各国对外国企业的评价标准存在差异，评估各国政府的友好度与稳定性已成为一种商业惯例。政府更迭、政党轮替时有发生，因此外国经营者最为关注的就是东道国法规和行为准则的连续性，即当前政府政策的稳定性。当然，政府更迭并不总是等同于政治风险的变化，例如，自第二次世界大战结束至今，意大利虽历经五十多届政府，商业活动却受影响不大，持续正常进行。相反，在1929—2000年间，墨西哥政坛虽长期由革命制度党主导，其间外国投资政策却历经巨变——从最初的没收外国投资，到加入北美自由贸易协定，再到对外资外贸实施开放政策。

政治不稳定因素

一般来说，在国际市场上，存在的政治不稳定因素有：政府形势的固有不稳定性、选举过程中的政党更迭对商业条件的影响、民族主义情绪、针对特定国家的敌意、贸易争端。只要某国政局可预测，并且能长期保持稳定，海外营销的风险就会相应降低。

东道国的政策并非全然构成风险，某些政策反而为外资企业带来市场机遇。例如，国际贸易优惠政策，一些国家和地区为促进国际贸易和吸引外资，推出税收减免、关税优惠等措施，为企业发展

第八章
国内与国际：海外市场的评估与开拓

提供了良机；区域经济一体化政策，如自由贸易区、经济合作组织的建立，降低了区域内流通壁垒，企业可借此提升竞争力；技术创新支持政策，众多国家和地区重视技术创新和产业升级，提供大量政策支持，工业品企业可通过技术创新和研发，提升产品性能和质量，进而通过全球市场拓展提高研发回报；基础设施建设政策，一些国家和地区推进基础设施建设，如交通、通信、能源等，为相关工业品企业开辟了广阔市场空间。企业可以结合自身情况参与这些项目，提供相应的工业产品和服务。

经济政策的风险

在国际经营中，公司会面临多种经济政策的风险。

外汇管制

外汇管制源于一国外汇短缺，政府对资本流动实施选择性管理。货币贬值时，可能导致利润汇出东道国的损失。

当地含量法律

当地含量法律，即进口国常要求产品达到一定比例的本地含量。例如泰国规定奶制品本地奶比例不低于50%，欧盟要求外资装配企业产品本地含量达45%。

税收管制

政府可能违反原先协议，突然提高税收，如印度政府对百事可乐和可口可乐在印度灌装的汽水征收 40% 的税收；欠发达国家经济常面临资金短缺，一些政府官员可能通过对成功外国企业课以重税来迅速获取流动资金。

价格管制

在通货膨胀时期，药品、食物、汽油及汽车等民生产品常受价格管制。

劳动力问题

许多国家工会得到政府支持，会据此迫使公司做出让步，如不得随意解雇工人，利润需与工人分享等。

海外营销的合规风险

海外的法律环境与本国存在显著差异，因此，海外营销的首要任务是确保合规，而合规也是全球企业间的一种广义竞争方式。2002 年，当华为在海外市场初战告捷，占领亚非拉市场时，国际竞争对手思科便控告华为侵犯其知识产权，试图阻挠华为的海外拓展步伐。

跨国企业的合规管理主要受两方面因素影响：一是国际性条约和多边贸易协定，二是目标国当地的法律法规、商业道德和行业标准。当前，全球双边协定、区域性协定不断强化，给海外营销的合规管理带来了新的变化。

工业品企业的海外营销构成国与国之间的产品和服务贸易，主

第八章
国内与国际：海外市场的评估与开拓

要面临知识产权风险、境外税务风险、环境保护风险、商业贿赂风险、反补贴风险、反倾销风险及出口管制风险等。21世纪是数智经济时代，知识产权作为科技创新成果的载体，其重要性日益凸显，各国利用知识产权国际规则的竞争也更加激烈和普遍。

1995年1月，《与贸易有关的知识产权协定》（Agreement on Trade-Related Aspects of Intellctual Property Rights，TRIPs，简称《知识产权协定》）生效，标志着知识产权国际保护进入了一个统一的高标准阶段。美国通过特别301条款和337条款对知识产权进行特别保护。特别是301条款规定，美国贸易代表办公室每年会出具一份年度调查报告，评估美国知识产权的保护状况，并将外国分为"重点国家""重点观察国家"和"观察国家"三类，一旦某国被其确定为重点国家，其便将对该国展开6~9个月的调查并进行谈判。337条款调查的是美国针对进口产品侵犯其知识产权的行为以及进口贸易中的其他不公平竞争，主要包括两个方面：一是进口产品侵犯了美国的专利权、著作权、商标权等专有权，二是美国存在相关产业或相关产业正在筹建中。

境外税务风险常见种类包括税收遵从风险、转让定价风险及税务争议风险。税收遵从风险源于跨国企业对目标国家税法理解不足或执行不当，未按时足额缴纳税款，从而面临罚款或利息处罚。转让定价风险涉及跨国企业内部交易定价的合理性，若定价不符合独立交易原则，可能引发税务机关的调整和补税。税务争议风险可能因税法解释差异、税务机关执法尺度不一等因素产生。跨国企业需要深入了解目标国的税法，以确保税务合规。

反倾销、反补贴和保障措施

反倾销、反补贴和保障措施是 WTO 国际贸易救济体系中的三大贸易救济措施，其中反倾销措施应用最为频繁。

反倾销的国际规则主要体现在《1994 年关税与贸易总协定》(General Agreement on Tariffs and Trade，GATT，简称《关贸总协定》)第 6 条和《关于实施 1994 年关税与贸易总协定第六条的协定》(Agreement on Implementation of Article Ⅵ of GATT 1994，通常称为《反倾销协议》)中。判断产品是否存在倾销的关键在于产品的出口价格是否低于其正常价值。《关贸总协定》对"正常价值"确定了三种核算方法：一是正常贸易过程中出口国国内供消费的同类产品的可比价格；二是依据同类产品出口至一适当第三国的可比价格确定，且该价格需具有代表性；三是通过比较在原产国的生产成本加合理金额的管理、销售和一般费用及利润来确定。

案例 8-1　国内 LED 企业胜诉美国超视公司提请的"337 调查"

2018 年 3 月 27 日，一场知识产权风波在 LED（Light Emitting Diode，发光二极管）行业掀起波澜。美国超视技术有限公司（超视公司，Ultravision Technologies LLC）向 ITC（United States International Trade Commission，美国国际贸易委员会）正式提出请求，要求对包括深圳

第八章
国内与国际：海外市场的评估与开拓

市艾比森光电股份有限公司（艾比森）、利亚德集团等在内的十多家中国 LED 显示屏企业发起 337 调查。指控中国企业涉嫌侵犯了美国超视公司的产品专利。超视公司不仅请求 ITC 颁布普遍排除令，还寻求有限排除令和禁止令，意图全面阻止涉嫌侵权产品进入美国市场。

2018 年 5 月 24 日，ITC 经过审议，决定接受起诉方的申请，正式启动 337 调查。此次调查范围广泛，几乎涵盖了包括艾比森、利亚德集团在内的中国所有 LED 显示屏主要企业。其中，由于艾比森在美国市场的业务占比较大，因此受到的影响也最为显著。为了维护自身权益，艾比森决定单独提起应诉，积极应对这场突如其来的挑战。

值得注意的是，超视公司成立于 2010 年，是一家相对年轻的 LED 显示屏企业。艾比森则创立于 2001 年，早在 2005 年就完成了第一笔国际订单，拥有丰富的国际市场经验。在中国光学光电子行业协会发布的声明中明确指出，超视公司所拥有的两个专利主要是围绕防水技术的，但这并不是显示屏的核心技术，并且其在实际应用中尚缺乏实质性的保护效能。因此，该专利对中国 LED 显示屏企业出口美国市场并无实质性的约束和伤害。事实上，中国多家 LED 显示屏企业在该专利提出前，就已经在美国市场上销售具有相同专利特征的产品。

这场知识产权纠纷给涉案企业带来了不小的压力，经过长达数年的诉讼，2022年6月11日，美国得克萨斯州东区法院终于就艾比森对美出口LED显示屏产品知识产权侵权一案做出了判决。裁定艾比森的9个被控产品均未侵犯超视公司的任何知识产权，并确定超视公司自称拥有的所有知识产权均无效。无疑这一判决维护了艾比森的合法权益。尽管赢得了官司，但是艾比森付出的代价不容小觑，其对美销售收入逐年下降，从2018年的5亿元锐减至2019年的3.5亿元，再到2020年的1.6亿元。这从一定角度反映了知识产权纠纷对企业业务的巨大冲击。

在日益激烈的国际市场竞争中，企业必须高度重视知识产权的创造、运用、保护和管理能力。尤其要前瞻性地进行知识产权境外注册，遵循"商品未动，注册先行"的原则，以确保在海外市场的合法权益。同时，中国企业还应勇于挑战任何知识产权恶意诉讼，广泛收集证据，充分筹备应诉，不轻易寻求和解。

此外，中国企业在对外交往中，还应对存在主要竞争关系的国外企业进行长期的技术跟踪、专利监控，以及商标、域名监控。建立知识产权风险预警与防控机制，及时发现并应对潜在的知识产权风险。同时，在接受进口商委托生产对外出口产品的订单时，企业可以通过在委托加工合同中加入关于知识产权侵权纠纷免责条款的方式免除或减轻相关责任。

国际营销区域市场：
目标市场与企业能力相匹配

企业着手开展海外营销的首要任务是确定目标市场区域。全球市场广袤无垠，各区域市场经济发展水平参差不齐，需求偏好亦千差万别。因此企业应对全球市场形成框架性认知，全面把握其多元特性，遵循目标市场与企业能力相契合的原则，基于自身独特能力与竞争力，选择适宜的目标市场。在此基础上，进一步规划开拓海外市场的长期路径，以确保海外营销之路的稳健前行。

北美市场

北美地区包括美国、加拿大和墨西哥，是全球最活跃的经济区域之一。美国作为最大经济体，科技产业引领全球潮流，金融业吸引全球资本；加拿大资源丰富，在能源、林业、矿业等领域表现突出，科技业和服务业发展也不错；墨西哥石油资源丰富，劳动力成本低，成为北美重要制造业基地，尤其在汽车、电子领域实力强劲，然而，墨西哥经济高度依赖外贸，主要贸易伙伴包括美国和中国，这既有机遇也有风险。北美地区三国各具特色，共同推动了北美地区的经济繁荣和多元发展。

人口方面

2023年美国人口总数达到了3.35亿人，成为北美洲人口最多的国家。虽然加拿大的人口数量相对较少，大约4000万人，但是其人口增速稳定，为国家的经济发展提供了稳定的人力资源。墨西哥的人口约为1.3亿人，是北美地区的重要人口大国。

经济总量和人均水平

2023年美国的GDP高达27.4万亿美元，人均GDP达到了81695.2美元，远高于北美地区的平均水平。这充分展示了美国强大的经济购买力和需求空间。加拿大的GDP为2.1万亿美元，人均GDP为53371.7美元，虽然与美国相比还有一定差距，但其在全球范围内仍处于较高水平。尽管墨西哥的GDP相对较低，为1.8万亿美元，人均GDP为13926.1美元，但是墨西哥的经济发展潜力较大。

1994年《北美自由贸易协定》（North American Free Trade Agreement，NAFTA）的签署和生效，标志着一个人口为3.6亿、GNP（国

民生产总值）达 10 万亿美元的单一市场诞生。该协议的主要条款包括：第一关税削减，协议签订后 10 年三国之间工业品贸易取消关税；第二原产地规则，规定了三国在北美地区生产的产品才能享受关税优惠，产品中北美的含量不得少于 62.5%；第三服务贸易，允许美国和加拿大的金融机构在墨西哥设立附属公司，墨西哥开放其国际公路货运、客运和铁路运输市场；第四知识产权保护，采取双边协议和国际协议中知识产权保护的最高标准。

2020 年 7 月 1 日，《美国－墨西哥－加拿大协定》（The United States-Mexico-Conada Agreement，USMCA）正式生效，是对《北美自由贸易协定》的全面修订和替代。主要的变化是，修订了汽车原产地原则、知识产权保护、劳工与环境保护、争端解决机制。提高汽车零部件的北美含量至 75%，至 2023 年，零关税汽车 40%~45% 的零部件必须由时薪最低 16 美元的工人所生产。增加了数字贸易章节、引入日落条款、国有企业中小企业等议题，使协议内容更加全面和广泛。

文化方面

北美地区同样展现出了多元性和包容性。美国文化以其开放、创新和多样性著称，影响了全球的文化潮流。加拿大的文化融合了英法传统和原住民文化，形成了独特的多元文化格局。墨西哥文化以其丰富的历史遗产、传统节日和美食文化闻名遐迩。

在北美地区，不同肤色和文化背景的消费者并存共荣，市场上出现了针对不同族裔和肤色的产品和服务。这种多元文化的交融不仅丰富了消费者的选择空间，也为商家提供了更广阔的市场机遇和利润空间。

欧洲市场

欧盟（European Union，EU）是全球地区一体化程度最高的国家集团，其历史根源可追溯至1950年，当时法国外交部长舒曼提议法德两国共建煤钢共同体。此后，欧洲煤钢共同体、欧洲经济共同体及欧洲原子能共同体相继问世。1967年7月，这三个共同体的核心机构合并，统称为欧洲共同体。1993年11月1日，《欧洲联盟条约》（Treaty on European Union，亦称《马斯特里赫特条约》）正式生效，标志着欧洲共同体转型为欧洲联盟。2009年，《里斯本条约》（Treaty of Lisbon amending the Treaty on European Union and the Treaty estabishing the European Community）的生效赋予了欧盟国际法主体资格，并正式取代及继承了欧共体的地位。

目前，欧盟由27个成员国构成，涵盖奥地利、比利时、保加利亚、塞浦路斯、捷克、克罗地亚、丹麦、爱沙尼亚、芬兰、法国、德国、希腊、匈牙利、爱尔兰、意大利、拉脱维亚、罗马尼亚、立陶宛、卢森堡、马耳他、荷兰、波兰、葡萄牙、斯洛伐克、斯洛文尼亚、西班牙及瑞典，总人口约4.5亿，总面积约414万平方公里。2023年GDP达17.03万亿欧元，人均约4.1万美元。

德国作为欧盟最大的经济体，2023年国内生产总值高达4.12万亿美元，占欧盟GDP总量的24.3%。德国经济以工业为主导，尤

第八章
国内与国际：海外市场的评估与开拓

其在汽车制造、机械制造及化工等领域全球领先。德国拥有众多享誉世界的科研机构与高校，在科技创新和技术研发上投入巨大，且高度依赖出口，产品在全球市场极具竞争力。

法国紧随德国之后，是欧盟第二大经济体。经济以农业、航空、核能及汽车制造为主，其中农业在欧盟占据重要地位，法国政府通过政策引导支持经济发展。

意大利、西班牙与荷兰同为欧盟重要经济体。在意大利经济中服务业占据主导，包括金融、旅游、文化等，制造业则以纺织、服装、鞋类及家具为主；西班牙经济依赖服务业、建筑业及旅游业，尤其是旅游业成为其支柱产业之一；荷兰经济以花卉、乳制品等农业为主，工业涵盖石油化工、电子及造船等领域，鹿特丹港作为欧洲贸易中心之一，是欧洲最大港口。

《欧洲联盟条约》促使欧盟国家形成经济与货币联盟。自1993年11月1日起，欧洲共同体与欧洲自由贸易联盟的19国间实现商品、劳务、资本及人员的自由流通，废除关税与进口限额，统一工业品标准，简化边境检查手续，有条件取消反倾销措施，并建立公共采购共同市场。设立欧洲中央银行，并规定最晚于1999年1月1日实现欧盟内货币联盟，即欧元区。《里斯本条约》对欧盟机构改革、决策效率、民主合法性及国际地位产生深远影响，为欧盟改革与发展提供法律框架及工具，使欧盟外交、贸易及安全等对外政策更加协调一致。作为法律实体，欧盟有权签署国际条约并成为国际组织成员，极大地提升了其在国际事务中的地位与影响力。

欧盟成员国拥有悠久且丰富的历史文化，各国语言、传统、习俗及艺术形式各具特色。欧洲文化特征包括多样性与包容性、以人为本、理性思辨、重商主义及自由与法治等，这些特征共同塑造了欧洲独特的文化风貌，对欧洲经济和社会发展产生了深远影响。

亚太市场

亚太地区（Asia & Pacific），全称为亚洲及太平洋沿岸地区，广义上涵盖太平洋东西两岸的众多国家和地区，既包括加拿大、美国、秘鲁、智利等南北美洲国家，也包含太平洋西岸的俄罗斯远东地区、日本、韩国、中国、东盟各国，以及大洋洲的澳大利亚、新西兰等国家和地区。狭义上，亚太地区主要指西太平洋地区，重点包括东亚的中国、日本、韩国及东南亚的东盟（Association of Southeast Asian Nations，ASEAN，东南亚国家联盟）国家。

2023年，日本GDP总量达591.4万亿日元，折合约4.2万亿美元，总人口约1.25亿，人均GDP为3.38万美元。2023年印度GDP总量为3.57亿美元，同比增长7.58%，展现出强劲的经济增长势头，其总人口约14.38亿，是全球人口最多的国家之一。2023年东盟十国GDP总量为3.9万亿美元，总人口约6.8亿。

日本是亚太地区的发达国家代表。其经济在全球占据举足轻重的地位，尤其在电子、汽车、机械、钢铁、化工等领域拥有世界领先的技术和竞争力。日本经济高度依赖出口，企业积极拓展海外市场，尤其在人工智能、机器人、半导体、新材料等领域展现出强大的研发实力和创新能力。日本服务业在GDP中占比较高，涵盖金

第八章
国内与国际：海外市场的评估与开拓

融、保险、零售、旅游等多个领域。然而，日本面临严重的人口老龄化问题，劳动力短缺和养老负担加重对其经济发展构成极大挑战。

印度作为全球增长最快的大型经济体之一，拥有庞大的国内市场和年轻的人口结构。其服务业在 GDP 中占比较大，尤其在信息技术服务（IT 服务）和业务流程外包（BPO）等领域具有世界领先优势，是全球最大的软件和后端服务外包国之一。此外，印度在汽车、制药、化工、纺织等制造业领域具有较大发展潜力。作为农业大国，印度政府积极推动农业现代化和农业科技创新，以提高农业生产效率和农产品质量。但是，印度基础设施建设相对滞后，交通、能源、通信等领域存在瓶颈。

东盟十国包括印度尼西亚、马来西亚、菲律宾、新加坡、泰国、越南、缅甸、老挝、柬埔寨和文莱。东盟国家是亚太地区的重要组成部分，普遍属于高度外向型经济，对外贸易和外国直接投资对经济增长贡献显著。东盟国家拥有丰富的自然资源，如石油、天然气和矿产等，且劳动力成本相对较低。然而，其经济结构相对单一，高度依赖出口和旅游业。东盟国家间经济发展水平差异较大，新加坡等发达国家与缅甸等欠发达国家之间差距明显。

亚太地区区域经济一体化进程不断加速。《区域全面经济伙伴关系协定》(Regional Comprehensive Economic Partnership，RCEP) 由东盟于 2012 年发起，成员包括中国、日本、韩国、澳大利亚、新西兰和东盟十国共 15 方，于 2020 年 11 月正式签署。《区域全面经济伙伴关系协定》涵盖货物贸易、原产地规则、海关程序和贸易便利化、卫生和植物卫生措施、标准、技术法规和合格评定程序、贸易救济、服务贸易、自然人临时流动、投资、知识产权、电子商务、竞争、中小企业、经济技术合作、政府采购、一般条款和例外、机构条款、争端解决以及最终条款等广泛领域，致力于消除内部贸易壁垒，推动贸易自由化和便利化，协定成员将总体实现90%以上税目的零关税，为消费者和企业带来实惠。《区域全面经济伙伴关系协定》将创造和完善自由的投资环境，促进区域内外资流动和经济增长。

亚太地区文化多样性显著，既蕴含着古老的东方文明，也融合了近现代的西方文化。东方文明源远流长，包括中华文明、印度文明、阿拉伯文明等，在历史长河中孕育了独特的哲学、宗教、艺术和科学体系。例如，中华文明的儒家思想、道家思想和佛教文化，印度文明的印度教、佛教和锡克教等。近现代以来，西方文化在亚太地区产生了深远影响，英语、法语、西班牙语等语言得到广泛传播，西方的科学、技术、政治和经济体制也对亚太地区产生了重要影响。

案例 8-2　华为全球化的区域路径

华为在全球化扩展初期，优先选择进入发展中国家市场，利用其在通信领域的技术优势逐步积累市场经验和品牌影响力。随后，华为逐渐将目光投向发达国家市场，通过与当地运营商的深入合作，逐步扩大市场份额。从初期的俄罗斯、东南亚市场，到后来的欧洲、北美及新兴市场，实现了从国内领先到全球一流的跨越式发展。

1997年是华为国际化的起步阶段。当时中俄贸易繁荣，华为凭着感觉进军俄罗斯市场，由于没有进行市场分析，也没有制定策略，经过一年努力，不见起色。随后，华为将主力转移到南非，继续寻找机会。然而，"放眼一望，所有良田沃土，早已被西方企业抢占一空"。巴西市场的高关税，使华为直到2014年才实现盈利；印度市场看似很大，但超低成本的要求、政府的低效率和政治因素，使大多数企业处于"赔本赚吆喝"境地。因此，如何选择最适合自身情况的国际化路径及区域市场，是中国企业国际化首先要过的一个坎。屡战屡败之后，华为重新思考战略方向，回归到"农村包围城市"的策略。

华为瞄准了东南亚市场，利用其在通信领域的技术优势，逐步在泰国、新加坡、马来西亚等国家取得突破，特别是在华人聚集的泰国市场，连续获得较大的移动智能网订单。随后非洲、中东等地区也成了华为的主要"产粮区"，经过四年多的闯荡，华为在海外市场的分析能力、营销方式和一线"铁三角"组织逐渐成形，完成了第一阶段"抢占滩头阵地"的任务，基本实现了营销体系的国际化。

2005年开始，华为进入了国际化的第二阶段——主动在全球布局，特别是针对发达市场和战略客户吹响了冲锋号。此时，市场驱动的集成产品开发管理变革进入收获期，产品国际化已经成为伪命题，满足国内市场的产品，只是在全球基线版本的基础上增加了国内必要的特性而已，中国只是一个大的全球区域市场。

进入欧洲市场是华为全球布局的关键一步，华为首先与欧洲一流代理商建立良好的合作关系，并借此进入本地市场。2001年，华为以10G SDH光网络产品进入德国，随后成功进入法国、西班牙、英国等发达地区和国家。

在成功进入欧洲市场后，华为继续深化与当地运营商的合作，服务于全球电信运营商50强中的31家，包括英国电信、沃达丰、西班牙电信等世界一流运营商。通过提供高质量的产品和解决方案，积极参与当地运营商的招标活动，华为逐步在北美市场取得突破，2009年，华为被美国电信运营商Cox Communications选中，为其提供端到端的CDMA（Code Division Multiple Access，码分多址）移动网络解决方案，标志着华为在北美市场的重要进展。

华为在全球范围内的市场份额不断提升，实现了包括发达国家在内的均衡增长。随着全球市场的不断拓展，华为开始完善其全球研发布局，在美国、印度、瑞典、俄罗斯等国家建立研发机构，加强与国际知名企业和研究机构的合作，推动技术创新和产品研发。

第八章
国内与国际：海外市场的评估与开拓

▪▪▪▪▪ 国际营销的制胜战术：行动实现目标

营销如同企业运营的其他环节一样，终归要落实到实践当中，海外营销也不例外。

在明确目标市场后，企业要细致研判市场需求、竞争格局、法律法规、税务环境等诸方面因素，并据此构建起完整的营销架构，从而提炼出制胜的关键环节。这是海外营销战术的精髓。

创立海外品牌

企业若想在海外市场稳固根基并实现长远发展，创立并塑造品牌是重要举措。品牌不仅是企业价值的直接体现，更是提升产品与服务质量、增强议价能力、深化客户认知及构建竞争优势的关键。

当一家在国内享有盛誉的企业迈出国际化的步伐，踏入一个全新的市场环境时，它面临的是一系列未知的挑战，包括陌生的文化习俗、法律法规及充满戒备心理的客户群体。在这样的环境下，如何迅速而有效地让海外市场了解、认可并接纳自己，就显得尤为重要。

在很多时候，企业品牌首先会与国家品牌紧密相连，尤其在海外市场中，企业往往被视作一个"中国企业"，因此品牌形象在很大程度上会受到国家整体形象的影响。拥有更多的资源和实力的大型企业，可以通过邀请关键客户来华参观考察的方式加深客户对中国现代化进程的直观认识，也为企业品牌在海外市场的创立奠定基础。基于成本等因素的考虑，中小型企业可以通过精心制作的影像资料和图片展示，向海外客户传递中国式现代化建设的成就，以及企业自身独特的品牌故事和理念。

在海外市场的品牌建设中，企业应善于利用各类资源，特别是通过政府搭建的平台和渠道更加高效地与关键客户建立联系，这种联系在一定程度上体现了中国政府对企业海外发展的支持与认可。这种来自官方的认可，是中国政府为企业品牌提供的有力背书，能够增强客户对企业的信心，进而促进品牌在海外市场的推广与接受程度。

海外市场与国内市场在品牌建设的层面上存在着显著的差异。在海外市场中，品牌的创立不仅仅意味着推出了一个产品或服务，而是涵盖了国家品牌、企业品牌和产品品牌等多个维度的全方位、立体化的品牌概念。对于企业而言，要构建一个成功的海外品牌，就必须在多个方面下功夫。先进的技术是品牌实力的体现，稳定可靠的产品则是品牌信誉的保障。企业还应提供个性化的解决方案，以满足不同客户的特定需求，这不仅能够展现企业的创新能力，还能够增强客户的满意度和忠诚度。此外，贴心优质的服务和合理的价格策略也是品牌不可或缺的一部分，它们共同构成了企业在海外市场的品牌形象和核心竞争力。

成功的海外品牌需要经过长期的策划、包装、宣传和推广。在策划和包装阶段，企业需要遵循个性化和差异化的原则，在深入了解客户需求的基础上，针对不同区域和不同类型的客户制定个性化的解决方案，并突出与竞争对手的差异化优势。在品牌推广阶段，企业需要发挥充分的想象力，创造出更多新颖、高效的沟通方式和手段，以吸引客户的注意力并节省资源。只有做到内容和形式的完美统一，才能达到企业预期的宣传效果。

总之，品牌的创建是一个长期而艰苦的过程，需要企业付出极大的耐心和毅力。

利用政府资源

中国企业一旦走出国门，进军海外市场，便成为目标国家民众眼中的外资企业。外资企业要想在异国站稳脚跟，前提条件是有一个和谐的商业环境，确保驻外机构能够安全稳定地运营，而这离不开本国政府的大力支持。事实上，政府在企业海外业务拓展中扮演的角色远不止于此，其能在多个方面推动企业的海外业务发展。

政府资源所能触及的领域相当广泛，其中包括市场的准入机制、政府行业政策的引导、协助提升与客户高层的关系、分配政府项目份额，以及提供政府渠道的资金支持。在发展中国家，尤其是那些国有企业占据主导地位、经济相对欠发达的国家，政府在企业决策中的影响力尤为显著，在这些国家，依靠两国之间相关机构的合作与有力支持，往往能够推动企业实现市场的突破。

通常情况下，政府对企业的关注程度会受到多个因素的影响，这些因素包括企业的所有权结构、产品特性、技术水平、客户群体，以及企业规模。在不同的市场发展时期，政府发挥的作用也不同。在市场拓展的初期阶段，利用政府间的合作机制来推动项目是一条重要的途径，有些精明的企业甚至会通过参与政府的双边会谈，将自身跟踪的项目写入领导人会谈纪要，以此来提升项目的影响力和推进速度。

在更为广泛的市场环境中，尤其是在市场发展的成熟阶段，企业可以更多地利用政府渠道进行项目融资，或是消除发展过程中的不利因素。例如在一些经济较为落后、缺乏建设资金的国家，项目融资往往成为项目成功的关键环节，通过政府渠道获取资金则被视为一条高效可靠的途径。

处理政府关系远不同于处理一般的客户关系。在进行政府关系工作时，需要精心把握几个关键的尺度。这包括拜访的频度和场合要适中，结合政府的意愿组织相关活动，以及在业务联系时准确区分不同层级的政府官员。同时，政府公关工作应结合政府的特点，要开展既有针对性又符合其背景的活动，并利用如高层访问、高级委员会会议、外交场合等外部活动拓展政府关系。这样，双方才能

第八章
国内与国际：海外市场的评估与开拓

在融洽和谐、积极主动的气氛中增进了解与合作。

一个成熟企业在整合政府资源时，不会过分依赖个别政府官员的个人关系，而是更加注重从组织层面进行公关工作。这能够有效地避免因个人关系出现偏差带给企业的潜在负面影响。

政府各个层面的工作是相互关联的。如果企业从基层开始做起，那么可能会面临一个漫长且艰难的过程；如果从高层入手，又可能面临无法落地实施的困境。要想快速突破市场，企业需要从高层着手，努力争取签署合作框架协议，同时积极推动基层的响应与配合，通过与具体业务部门和客户的深入交流与交易，达到预期市场目标。

案例 8-3　华为在中东树立品牌，中标 NGN 网改造项目

A 国作为中东地区的石油大国，不仅人口众多，而且经济实力雄厚。S 公司作为该国的固网运营商，几乎处于垄断地位。它还拥有国内最大的移动网络，被誉为该区域电信运营行业的领军者，是华为在中东地区的战略价值客户。

S 公司原有的公共交换电话网络（Public Switched Telephone Network，PSTN）容量超过 500 万个，主要由设备供应商 L 公司提供。L 公司与 S 公司之间已建立了长期合作的战略伙伴关系，华为若想在传统的固

网电话 PSTN 网络领域取得突破，确实面临一定挑战，需要借助新技术找到突破口。

当时下一代网络（Next Generation Network, NGN）技术已趋于成熟，采用 NGN 进行网络建设和改造成为所有运营商关注的焦点。尽管 S 公司自诩为地区行业的领军者，但是其思想相对保守，更倾向于跟随新技术的发展步伐，对于新技术的运用和 NGN 核心网厂家的选择方面，S 公司表现出格外谨慎的态度。

让客户接受新技术并认可华为的 NGN 品牌，成为华为在整个项目运作中的关键问题。华为驻该国代表处的一线人员主动承担起向客户普及 NGN 基础教育的任务，积极协调 S 公司规划、工程和市场等部门的人员，邀请他们参加华为举办的专题培训班。为确保培训效果，他们把培训地点选在了环境幽雅的酒店，并从华为总部邀请了 NGN 专家进行授课。培训内容涵盖了 NGN 的基础知识、应用及解决方案等多个方面。

通过培训，S 公司先入为主地接受了华为的理念和思路，为后续工作的开展奠定了坚实基础。在集中培训结束后，华为还针对 S 公司重点部门的关键人物进行了深入的单独沟通和交流，探讨了他们关注的问题。

NGN 基础知识的普及工作为华为赢得了 S 公司技术层的信任。然而，S 公司高层对公司品牌的认可是项目成功的关键。经过内部沟通和协调，华为决定将

第八章
国内与国际：海外市场的评估与开拓

S公司作为华为总部策划的"东方快车"系列品牌宣传活动的重要一站，并将展车开进了S公司的办公区，还在数天的演示过程中，邀请了S公司所有相关部门的人员前来参观。

"东方快车"系列品牌宣传活动还吸引了该国许多其他客户主动参观，这些客户还要求华为工作人员进行讲解。该国的通信部长亲临现场参观，并与华为人员就NGN建设进行了深入探讨。通过此次活动，S公司已经将华为与NGN紧密联系在一起，引起该公司高层对华为的高度重视。

当竞争对手了解到这些情况并纷纷要求举办类似活动时，已经为时太晚。S公司已经对华为产生了信任，但尚未启动改造项目，因为他们对于NGN能否带来利益还存在分歧。作为地区电信运营行业领军者的S公司对于一般的第三方意见和案例并不太重视。

在公司总部的支持下，华为当地代表处积极运作协调，邀请全球顶尖的运营商英国电信集团（英国电信，British Telecom BT）的专家前来与S公司高层进行交流。BT是全球领先的运营商，也是行业先进的代表，更是欧洲第一个准备全网向NGN转型的超大运营商。交流活动得到了S公司的热烈响应，他们专门组织了内部预备会，交流活动当天的参加人数由原先计划的200人增加到250人，有的客户甚至驱车数小时从其他城市赶来参加。S公司首先介绍了自身的电信网络远景规划，随后BT专家从商业、竞争和技术等三个方面进行了阐述和交流。会后，S公司高层表示对本次活动的效果非常满意。

经过不懈的努力和持续的品牌宣传，无论是客户的投资战略、高层对品牌的认可，还是对华为技术的认可都已不再是问题。客户终于正式发布了全网进行NGN网改的标书，计划用5年时间将现有网络全部进行NGN改造。华为经过一系列紧张而艰辛的项目运作，完成了招标的整个流程，并最终取得了巨大成功——全网500万核心网建设项目由华为独家中标。

■ 第九章

工业品营销的数字化转型：
利用数字化技术形成竞争优势

工业品营销的数字化能够提升企业的市场竞争力，因为数字化能提升市场分析精度、优化客户体验、增强品牌影响力，也有助于企业快速适应市场变化、提高运营效率，并在竞争激烈的市场环境中保持领先地位。

第九章
工业品营销的数字化转型：利用数字化技术形成竞争优势

▪▪▪▪▪ 数字化转型概述：企业运管系统的数字映射

  企业如何利用数字化更有效地展开竞争，至今没有令人信服的答案。数字化包含了数字化本质和数字化技术两层意思。数字化本质是指数字化的理念和特征，数字化技术是指实现数字技术的各种方式。数字化转型是运用数字化本质特征构建新的商业模式，实现组织变革，进而提高组织绩效的途径。

  要判断一场组织变革是否为组织的数字化转型，就要看这个组织在变革过程中是否有一项或多项数字化本质特征得到应用并发挥了重要作用。数字化转型涉及的内容并不是仅限于技术范畴，或者仅限于组织变革范畴，它是将变革管理置于数字化本质特征下去推动的。因此可以从两个互为补充的视角审视企业的数字化转型问题，即变革管理和数字化转型，这两种视角的结合形成了数字化转型的透镜。

变革管理的内涵和构成

变革管理涵盖业务、组织和战略三大核心板块，从顶层设计至底层支撑，从"产、研、销"至"人、财、物"，它们共同构成了管理的全方位视角。在数字化转型的浪潮中，企业必须重塑数字化与业务的关系，从而推动企业的业务变革，包括价值主张重塑、产品革新、客户关系拓展及渠道优化。以产品变革为例，随着传感器技术的广泛应用，产品已从单一的物理形态转变为数字型产品，企业的产品矩阵也得以扩展，客户关系也从简单的购买关系升级为服务伙伴关系。不同行业的数字化产品正逐步满足用户的多元化需求，例如乐高集团（乐高，LEGO Group）利用虚拟社区研发新型机器人产品，美国梅西百货公司（梅西，Macy's, Inc.）则推出虚拟试衣间，它们通过数字化的手段提升了顾客体验，彰显了数字化产品的巨大潜力。

在数字化背景下，组织体系的变革同样至关重要，这包括运营管理的革新和组织结构与职能的调整。随着生产周期的缩短、设计变量的增加及客户需求的快速变化，企业面临着前所未有的运营压力。为了应对这些挑战，企业需打造端到端的数字化供应链，覆盖设计、计划、制造、物流和运维等全生命周期环节。博柏利（Burberry）通过建立在线渠道，缩短订单履行时间，成为行业典范。同时，自动化和机器替代使员工从烦琐的日常工作中解脱出来，转向数据分析等更具价值的工作，员工职能也从流程执行转变为业务驱动。

数字化战略是企业前进的核心驱动力。抓住机遇，企业才能实现创新、差异化和增长。因此，利用和优化数字化作为整体战略的一部分，是企业家必须思考的问题。拥有整体融合战略的企业能够成功实现业务模式转型，引领行业发展方向。在推进战略变革时，企业需从使命、愿景和价值观出发，明确自身创造的价值是否符合客户期望，并将其体现在决策运营及领导者和员工的行为中。

战略领导力的变革需要由企业核心高层领导者引领和推动，再自上而下扩展至资深管理层。领导者不仅是数字化转型的催化剂，更是团结员工的黏合剂，必须规划好整个转型旅程，明确业务方向，并鼓励员工积极参与其中。通过领导者的引导和员工的共同努力，企业才能在数字化转型的道路上稳步前行，实现可持续发展。

企业数字化的本质与管理变革的关系

数字化转型的本质可归结为在线、共享与智能三大支柱，这三大支柱不仅标志着转型的不同阶段，而且相互依存、相互促进。在线，超越了传统线下的界限，涵盖了业务、流程及员工的全面在线化。共享，强调跨边界的信息与资源交流，包括部门间、职能间，还包括组织间、团体间。智能，聚焦于基于具体场景的流程与决策智能化，以及人与智能系统的深度融合。由这三者构成的"智三角"成为企业探索数字化新价值不可或缺的能力集合。

在线

在信息化阶段，在线与流程驱动主要体现为流程再造，旨在通过企业战略、运营流程、支撑系统、组织结构等方面的优化，实现工作流程与生产效率的最大化。

在线往往源于业务规模扩张后产生的信息化需求，IT 部门通过实施大型项目来响应这些需求。然而，进入数字化转型阶段，在线与流程的驱动力就会发生根本性的变化，它们不再仅仅是业务与数字化之间的被动适应，而是通过数字化流程能力的主动迭代与在线能力的提前布局来形成对业务的强大驱动力，助力企业实现业务的快速突破。在此过程中，各环节生成的数字资产成为创新之源，为企业开辟了新的业务增长点。

共享

共享在数字化转型中扮演着构建网络效应的关键角色。内部员工网络的构建为跨部门、跨职位的合作提供了新机制，促进了工作方法的创新与效率提升，实现了梅特卡夫效应——连接的员工越多，内部协作的价值就越大。同时，外部共享也至关重要，它改善了产业链中各参与者之间的协作效率。

数字化转型并非孤立行动，而是需要行业内上下游企业的协作与共享。数字孪生技术的应用，使行业数据更加透明，促进了产业链内企业的相互协作。以数据为纽带，数字化转型将制造产业的设备、数据、技术、管理、市场等多要素全面互联，实现了经营管理、产业设计、生产制造、过程控制、产品等关键环节的资源优化与高效协同。

第九章
工业品营销的数字化转型：利用数字化技术形成竞争优势

智能

　　智能，是数字化转型商业价值最大化的关键。可以通过业务场景的数据采集、智能化分析与实时服务提供，将智能技术转化为商业行动，实现与用户的深度交互，构建"端到端"的业务闭环。以传统的客户忠诚度计划为例，智能技术能够根据现场人群特征进行自动分类与实时画像，为业务决策提供有力支持，并在用户交互界面实现个性化服务。

　　个性化定制、智能客服、顾客识别、销售预测、质量监测等场景，都是业务智能化的生动体现。这些智能化场景的应用，不仅提升了用户体验，也带给企业更为显著的商业价值。

案例 9-1　西门子的数字转型与工业 4.0 建设

　　西门子意识到数字化将成为推动工业发展的核心驱动力，因此进行了大规模的组织架构调整和战略转型，以期成为数字化新时代的领航者。其于 2014 年对外发布了公司愿景——西门子将专注于电气化、自动化和数字化，并将数字化作为企业未来的发展重点。西门子计划全面发掘包括制造业在内的数字化发展潜力，利用软件和模拟仿真，实现高速度及高效率开发数字化工厂产品的目的。

　　西门子认为工业 4.0 应具备三个要素。首先跨企业的生产网络融合 MES（Manufacturing Execution

System，制造执行系统）将会在跨企业的生产网络融合中起到关键作用，自动化层和MES之间的对接变得更加紧密，实现跨企业柔性生产。其次是虚拟与现实结合，即产品设计、工程中的数字化世界与现实世界融合，以实现高生产效率、短产品上市周期、生产多样性等。最后是CPS（Cyber-Physical Systems，信息物理系统），产品零部件本身就包含着产品信息，产品会根据自身生产需求，自行与生产系统和设备沟通，下发生产指令，指挥设备生产自己。

  数字化企业平台是实现数字制造的载体。在物联网、云计算、大数据、工业以太网等技术的强力支持下，集成目前最先进的生产管理系统及生产过程软件和硬件。西门子数字化转型的核心在于实现物理世界与数字世界的深度融合。通过集成式软件工具和系统、工业通信、安全解决方案及基于数据的服务，西门子为工业企业提供了一套完整的数字化解决方案。这些解决方案不仅覆盖了设计、生产、服务等各个环节，还实现了设备层、车间层、企业层等不同层级之间的数据集成和协同。

  在数字世界的构建中，西门子尤为重视数字孪生技术的应用。数字孪生技术是一种在虚拟环境中创建实体物理对象的虚拟模型的技术，它通过模拟和分析虚拟模型，对现实世界的物理场景进行深度洞察和优

第九章
工业品营销的数字化转型：利用数字化技术形成竞争优势

化。凭借其深厚的数字化技术积累，西门子建立起覆盖生产制造全价值链全生命周期的数字孪生，准确地映射出生产过程中产生的所有数据、模型等信息。

在工业软件领域，西门子进行了大规模布局，它通过多次并购，将自己从一家机械自动化的硬件公司转变为世界十大软件公司之一。其工业软件生态系统涵盖了MES、PCS（Process Control Systems，过程控制系统）等多种软件工具，为不同行业和领域的工业企业提供了全方位的解决方案。西门子还推出了MindSphere（一个基于云的开放式物联网操作系统），这是一个基于云的开放式物联网操作系统，支持App和数字化服务的开发、运营与供应。西门子通过MindSphere平台帮助企业收集和分析工厂产生的大量数据，为企业的运营和优化提供支持，如预测性维护、能源数据管理、资源优化等。

西门子与全球工业企业携手合作，共同迈向更加智能、高效、可持续的未来。通过物理世界与数字世界深度融合的数字化转型之路，西门子不仅提升了自身的竞争力和创新能力，还为全球工业企业的未来发展提供了宝贵的经验和启示；通过数字化技术的不断创新和应用，西门子不仅推动工业领域的深刻变革，还为全球工业企业的数字化转型树立了新的标杆。

工业品企业的数字化转型：数字化转型的整体框架

工业品企业的数字化转型是一个系统工程。它涉及企业生产、营销、研发等各个运营环节及其管理方式，甚至影响着企业战略与文化的转变。数字化转型始终以数据驱动为核心展开，首先是进行数字化基础设施建设，其次是实施数据驱动的决策支持系统。

智能制造的云平台

工业云平台以云平台为载体，以工业系统为根基，融合先进制造技术与互联网、云计算、物联网、大数据等新一代信息技术，并通过整合分布式、跨领域的制造资源与能力，按需提供云化服务，从而实现企业制造需求与社会化资源的高效精准对接。美国

第九章
工业品营销的数字化转型：利用数字化技术形成竞争优势

通用电气是该领域先行者，其于2011年提出"工业互联网"概念，2013年正式推出Predix工业互联网平台。随后，欧洲工业巨头西门子开发MindSphere基于云的物联网操作系统，施耐德电气推出EcoStruxure架构与平台，科技企业亚马逊和微软则分别发布AWS IoT与Azure IoT物联网云平台。目前，我国工业云领域已形成航天科工云网、三一根云、海尔COSMOPlat等代表性平台。

2012年美国通用电气公司全面转型工业互联网战略，通过Predix平台构建"传感器物联网＋大数据＋云计算"技术体系，实现人机数据互联与设备数字化映射。该平台具备三大核心功能——连接工业设备与云端、APM（Asset Performance Management，资产管理系统）和运营优化服务。其APM系统每日处理5000万条来自万亿级设备资产的数据，并通过创建设备数字孪生技术实现全生命周期监控，典型案例包括为亚洲航空提供的飞行效率优化系统，以及协助德国意昂集团（E.ON）风电场提升了4%的发电量（相当于年增4000户家庭用电量）。

工业互联网体系架构包含四层结构：边缘连接层负责数据采集与协议转换，IaaS（Infrastructure as a Service，基础设施即服务）层由IT企业提供虚拟化基础设施，PaaS（Platform as a Service，平台即服务）层集成大数据处理与工业分析模块并形成开放式操作系统，SaaS（Software as a Service，软件运营服务）层开发行业专用应用。该架构支持设备数据全流程管理，可实现用户远程监控生产状态并优化调度，同时借助AI算法实现故障预测与能效管理。

工业云平台通过产业链数据协同提升企业整体运营效率，并采用多层安全防护体系保障了企业数据安全。同时，工业云平台作为制造业数字化转型的核心枢纽，已通过数据智能驱动生产模式革新，成为提升产业竞争力的战略性基础设施。

智能工厂

数字工厂是智能制造的底层架构。它聚焦生产全流程的数字化管控，依托实时数据采集、分析与可视化系统，实现了制造过程的精准调控与持续改进。其核心在于构建覆盖产品全生命周期的数字孪生体系，通过虚拟仿真打通设计与制造的数据壁垒，从而实现信息资源的高效整合。

智能工厂是在数字化工厂基础上引入的人工智能、机器学习与自主控制系统，赋予了生产体系动态的优化与智能决策的能力，从而形成了自感知、自适应的先进制造范式。其核心价值体现在柔性制造能力方面，它通过产线智能化改造与跨企业数据互联，实现了多品类混线生产，满足了小批量、个性化定制需求，具体呈现五大特征：一是依托物联网架构实现"人机料法环[①]"全要素数据互联；二是基于工业大数据构建自学习系统，支撑能效优化与智能决策；三是部署 CNC 机床（Computer Numerical Control Machine Tools）、协作机器人等智能装备，形成可重构产线；四是集成自动化立体

---

① 人机料法环是全面质量管理理论中用于分析影响产品质量的五个主要因素。人，是制造产品的人员；机，是制造产品过程中使用的设备；料，是制造产品需要的原材料；法，是制造产品所使用的方法；环，是制造产品过程中所处环境。

第九章
工业品营销的数字化转型：利用数字化技术形成竞争优势

库、智能分拣系统等智慧物流解决方案；五是构建可视化数字看板系统，支持远程生产干预。

EWA（西门子安贝格电子制造工厂）作为全球 PLC 制造标杆，其生产线本身即由自产的 Simatic 系列 PLC 控制。该基地以每秒 1 件的速度生产 1000 余种 PLC 产品，年产量突破 30 亿组件。在人员编制与厂房规模十年未变的情况下，其通过数字化升级实现产能提升 8 倍、产品合格率达 99.9988% 的突破。其在中国成都"灯塔工厂"复刻了 EWA 模式，部署超百个 AI 应用场景，结合数字孪生技术构建起从质量检测到废料处理的智能闭环系统，将生产周期压缩至 24 小时内。

海尔 2012 年启动的互联工厂战略，在沈阳冰箱工厂实现突破性实践。工厂将传统百米产线改造为 4 条 18 米智能单元，支持 500 余种型号柔性切换，用户通过移动端可实时追踪定制冰箱的生产进程。相较传统模式，该模式实现了人力精简 57%、单线产能提升 80%、交付周期缩短 53%。虽然其改造成本增加了 20%，却成功构建了 C2M（Customer to Manufacturer，从消费者到生产者，简称客对厂）制造体系，开启了家电行业大规模定制新纪元。

数字化项目

工业品企业智能化转型的软件体系涵盖设计、生产、管理和智能分析四大核心模块，通过系统级协同构筑全链路数字化支撑平台，驱动企业向智能决策与柔性运营模式演进。

设计软件以 CAD（Computer Aided Design，计算机辅助设计）和 CAE（Computer Aided Engineering，计算机辅助工程）为技术底座，前者实现三维建模与虚拟装配，后者通过结构力学、流体动力学等仿真分析优化产品性能，形成"设计—验证"闭环体系。国际 CAD 市场由 Autodesk、SolidWorks 主导，国内中望集团的中望 CAD、数码大方的 CAXA 加速追赶。CAE 领域由 ANSYS、Altair 等国际厂商占据高端市场，华铸 CAE、北航 CAE 等本土方案聚焦细分场景。

生产控制软件矩阵包含 CAM（Computer Aided Manufacturing，计算机辅助制造）、MES 和 APS（Advanced Planning and Scheduling，高级计划排程）三大支柱。CAM 将 CAD 模型转化为数控加工代码，国际代表厂商 Siemens PLM、PTC 与国内新迪数字形成技术代差；MES 构建车间级数据中枢，Wonderware、Rockwell 等国际系统与昆仑数据等本土方案展开行业渗透竞争；APS 通过智能算法破解多约束排程难题，SAP APO 与鼎捷软件分别引领国内外市场。

管理软件生态呈现 ERP、PLM、SCM、CRM、WMS（Warehouse Mangement System，仓储管理系统）五维架构。ERP 领域 SAP、Oracle 与用友、金蝶形成国内外双轨格局；PLM 赛道达索 ENOVIA、PTC Windchill 构建技术壁垒，华天软件等本土厂商聚焦垂直行业；SCM/CRM/WMS 市场则由 SAP、Salesforce 等国际巨头与博科资讯、纷享销客等国内服务商分庭抗礼。

数据分析层以 BI（Business Intellgence，商业智能）和 AI 为核心引擎，Tableau、帆软等工具实现数据价值挖掘，IBM Watson、阿

第九章
工业品营销的数字化转型：利用数字化技术形成竞争优势

里云 PAI 等平台构建机器学习赋能体系。BI 系统通过可视化分析驱动业务决策，AI 技术则在预测性维护、工艺优化等场景深化应用。

全球工业软件市场呈现"双巨头引领、多强并立"格局，SAP、西门子通过全栈式布局构筑护城河，达索、Salesforce 等在专业领域形成技术纵深。尽管当前传统管理软件仍占据 80% 市场份额，但是管控一体化、SaaS 化趋势显著，Oracle、SAP 等头部厂商持续加码云原生平台开发，推动工业软件向"平台+服务"模式转型。MES 等生产系统加速行业垂直化发展，高端工业软件市场年复合增长率超 15%，云化部署正重塑产业价值链。

案例 9-2　三一重工数字化转型云平台和智能工厂的建设

三一重工是中国制造业数字化转型的先行者，自 1994 年成立以来，始终保持着对技术创新的敏锐洞察。2003 年三一重工在 A 股上市，标志着其迈入了一个全新的发展阶段。面对第四次工业革命的浪潮，三一重工决策层果断决策，积极拥抱互联网，致力于通过数字化转型，推动整个集团的转型升级。

三一重工认为，数字化转型的核心在于数据的有效收集与分析，可以据此实现供需平衡、生产制造的智能化及经营管理的智能决策。为此，公司设定了明确的数字化转型目标，即核心任务全面网络化、平台化，管理流程全面软件化、高度信息化，产品高度智能化，从而实现客户、代理商、供应商与员工的智慧互联。

在业务增长方面，三一重工采取了三项关键举措。一是拓展产品线，由单一的工程机械制造向"工程机械制造+"多元化发展；二是提升服务质量，为客户提供"一生无忧"的全方位服务，大幅提升客户满意度；三是实施国际化战略，开拓全新的国际市场，实现全球化布局。

为了支撑业务的快速增长，三一重工在数字化支撑上同样采取了四项有力措施。首先是顶层设计，设立专门的流程信息化总部，全面领导变革，设计高效的实施路径，制定严格的管控标准，推动全公司对流程信息化的理解与参与。其次是搭建平台，推出了具备强大的工业设备连接能力、大数据分析能力和工业应用开发与协同能力的根云平台，它能够支撑多个行业云平台，成为中国最具客户价值的工业互联网平台之一。再次，在项目实施方面通过重大、关键项目的实施，推动数字化转型的快速推进。例如，2013年推行的核心ERP有限应用项目，优化了产品出入库流程，形成了产品全生命周期管理流程；2014年推行的CRM系统项目，覆盖了公司在国内外的营销服务，对营销服务流程进行针对性的优化。最后，打造了北京桩机工厂这一数字化转型的里程碑。这座被誉为全球重工行业"灯塔工厂"的智能制造典范，融合了互联网、

第九章
工业品营销的数字化转型：利用数字化技术形成竞争优势

大数据和人工智能等技术，实现了生产制造要素的全连接，通过"智能大脑"实现全流程数据驱动，充分展现了第四次工业革命尖端技术的实力。

2019年三一重工投入近百亿元进行智能制造转型，力度空前。数字化转型不仅是技术创新和应用，更是组织结构的数字重塑。其打造出扁平化的、无边界化的新型企业组织结构，便于各事业部数据的收集、整理、归类、分析、运用和智能决策，促进了信息的内部透明和数据资源的共享。这一转型不仅有利于企业更好地感知市场需求的变化，还将供应商、客户、合作伙伴等利益相关者联结为生态圈，也有助于企业内部员工紧密合作。

三一重工数字化转型取得了显著的成效。到"十四五"末，公司产值有望实现从1700亿元到3000亿元的跨越式增长；人员结构也将发生深刻变化，蓝领工人数量从30000人压缩到3000人，工程师数量则从5000人增加到30000人。

在数字化转型的过程中，三一重工不仅培养了一批高素质的人才，也为行业提供了宝贵的数字化转型经验和启示。三一重工的转型之路，不仅让机器变得更好，也让员工变得更好。一流的人才创造一流的企业，一流的企业为国家和社会做出一流的贡献。

▪▪▪▪▪ 工业品企业的数字化营销：获取数据创造客户价值

工业品企业的数字化营销是指利用数字技术，通过线上线下的整合营销手段，实现客户拓展、需求反馈、宣传推广、销售增长等目标。数字化营销的核心在于数据的收集、分析和应用，通过大数据和人工智能技术，工业品企业可以深入挖掘客户需求，优化营销策略，提升营销效果。

工业品企业数字化营销具有三个优势：第一是精准性，通过数据分析，可以让企业精准定位目标客户，制定出个性化的营销策略。第二是互动性，通过客服系统、第三方平台等渠道，企业可以实时了解客户反馈，及时调整产品与解决方案。第三是高效性，数字化营销可以打破时间和空间的限制，实现全天候全方位覆盖。

第九章
工业品营销的数字化转型：利用数字化技术形成竞争优势

客户关系管理系统

工业品企业面临着复杂的市场环境和多变的客户需求，CRM成为工业品企业数字化营销的关键工具。企业通过CRM整合客户信息、增强客户互动、提供数据分析支持、优化销售流程，提高了销售效率、优化了客户服务，使客户关系管理更加高效，从而增强市场竞争力。

工业品企业的CRM系统通常由客户数据管理、交互界面、业务流程管理、数据分析与报告、安全与权限管理等关键模块构成。

客户数据管理是CRM系统的核心模块，负责收集、存储和管理客户的基本信息，如姓名、联系方式、交易历史、沟通记录等，这些信息是后续客户服务和销售活动的基础。

交互界面是用户与CRM系统互动的直观窗口，支持快速访问所需信息，良好的交互界面能有效地提升用户体验和工作效率。

业务流程管理涵盖销售、营销和客户服务等多个环节，通过自动化工具简化流程，提高业务效率。销售管理跟踪销售机会、预测销售趋势、管理销售团队业绩；市场营销管理通过自动化营销活动，如邮件营销、社交媒体推广等，收集并分析客户反馈，优化营销策略；客户服务管理提供客户支持、问题管理、服务请求等功能，快速响应客户需求，提升客户满意度。

数据分析与报告利用数据挖掘技术，分析客户数据，提供销售报表、客户分析、市场分析等可视化数据，帮助企业做出数据驱动的决策。

安全与权限管理通过数据加密、访问控制和审计日志等功能，确保客户数据的安全性和系统的合规性。

圣戈班穆松桥管道系统有限公司（穆松桥，Saint-Gobain Pipelines Go Ltd.）是世界 500 强法国圣戈班集团（圣戈班，Saint-Gobain）旗下的管道业务品牌，致力于为客户提供高品质的系统化管网整体解决方案。穆松桥的 CRM 系统实现了统一管理商机、业务流程无缝衔接、提高客户满意度。其通过统一的商机及客户管理，全面获取客户信息、项目信息及其跟进情况，从而加强了内部沟通与协作，提高了销售效率。以数据为核心全面打通线索到回款的全流程，整合销售、商务、技术等内部资源，实现高效协作，降低了企业的运营成本。其搭建的闭环客户服务管理体系，确保客户投诉得到及时处理，并通过数据分析指导生产和备货计划，保障了及时稳定的供应与交货。

在工业品企业中，CRM 系统不仅提升了客户满意度和销售效率，还促进了企业的内部协同，为企业可持续发展提供了有力支持。

数据分析与挖掘

在工业品数字化营销中，数据分析与挖掘的应用至关重要。它们包括采集、预处理、分析、结果应用等环节，为企业提供了深入洞察市场动态、客户需求及优化营销策略的能力。数据采集通过交互界面、传感器、监控系统等渠道实时收集各类数据。数据预处理对采集到的数据进行清洗、集成、变换和缩减等，提高数据的质量

第九章
工业品营销的数字化转型：利用数字化技术形成竞争优势

和可用性。数据分析与挖掘利用算法和工具，对预处理后的数据进行深入分析和挖掘，发现潜在的商业机会和规律。结果应用是将分析挖掘的结果应用于企业的营销策略制定、产品设计等方面，提升企业的市场竞争力。数据分析和挖掘运用的关键技术包括数据挖掘技术、大数据处理技术、人工智能技术。数据挖掘技术包括关联规则挖掘、分类与预测、聚类分析等技术。大数据处理技术包括Hadoop、Spark等大数据处理框架，人工智能技术包括机器学习、深度学习等技术。

工业品企业借助数据分析和挖掘技术，实现了多方面的业务与管理的优化。

第一，在市场趋势预测与客户需求分析方面，企业可以利用时间序列分析、回归分析等统计方法，结合历史销售数据、市场趋势及宏观经济指标，精准地预测市场需求，识别季节性波动、周期性变化及增长点。同时，挖掘客户购买历史、搜索行为等，有助于企业揭示客户偏好，并通过聚类分析、关联规则挖掘等细分客户群体，把握其需求特征。

第二，在产品与解决方案的优化与创新上，数据分析技术能整合客户对质量、性能、外观的反馈，并结合文本挖掘、情感分析等自然语言处理技术，了解客户满意度及潜在问题，推动产品改进。同时，关联规则挖掘、趋势预测等，有助于企业挖掘市场潜在需求，研发符合市场需求的新产品。

第三，在营销策略优化与个性化推荐方面，企业可以利用数据分析评估不同营销策略的效果，并通过A/B测试、多变量分析等选择最优方案。同时，运用协同过滤、基于内容的推荐算法，为客户提供个性化产品推荐，提升满意度和购买转化率。

第四，在供应链管理与优化上，企业可以通过时间序列预测、机器学习等方法，预测未来的销售需求和库存需求，制订合理的库存计划，避免库存积压和缺货。同时，通过物流数据分析，优化物流路线和运输方式，降低成本，提高效率。

第五，在风险管理与合规性检查上，数据分析技术能及时发现并处理潜在风险，保护企业利益。同时，通过数据匹配、规则验证等方法，确保业务操作合规，避免法律风险。

数据分析与挖掘在工业品数字化营销中具有广泛的应用价值。它们不仅可以帮助企业深入洞察市场动态和客户需求，还可以优化营销策略、提升产品竞争力、优化供应链管理和降低风险。数据分析与挖掘同工业品数字化营销相互促进、相互依存。企业需要充分利用数字化营销手段，提高市场竞争力；同时也需要加强数据分析与挖掘能力，发现潜在的商业机会，制定更加精准的营销策略。

加入产业互联网平台

产业互联网平台是一种将互联网技术深度应用于产业价值链的综合服务平台。其通过数字化手段提升了传统产业的效率和竞争力，服务于特定产业或多个产业的企业、机构和个人，整合了供应链、生产、销售等环节的数据，并为企业提供智能化的解决方案，帮助企业降低成本。同时，通过数据驱动、平台赋能和生态协同，

第九章
工业品营销的数字化转型：利用数字化技术形成竞争优势

对产业的生产、交易、流通、融资等各个环节进行了全方位的重塑和优化。

产业互联网平台的功能和服务包括信息发布、在线交易、资源对接、协同创新、数据挖掘、政策与技术咨询、品牌推广等。它具有五大优势：第一是整合行业内的各类信息，为参与者提供及时的信息查询渠道；第二是提供在线交易与服务，提供如电子商务、在线拍卖、招投标等方面的电子交易功能，以及相关的物流、金融等服务，降低了企业的交易成本，提高了交易效率；第三是帮助产业链上下游企业进行资源对接，实现供应链的优化，有助于企业更容易地找到合作伙伴；第四是促进企业间的技术交流与合作，支持共同研发，推动技术创新，有助于企业提升技术水平，增强市场竞争力；第五是通过收集和分析产业数据，为企业提供包括市场预测、用户行为分析等方面的决策支持，有助于企业更准确地把握市场动态。产业互联网平台在推动产业发展、优化资源配置、提升生产效率等方面发挥着重要作用。

摩贝网（www.molbuso.cn）是化工垂直领域的产业互联服务平台。其自 2011 年成立以来，逐步构建起产业链集成服务。其发展历程可概括为四个阶段：第一阶段，化合物数据库建设。摩贝化工从化合物数据库入手，标准化产品数据，构建线上平台，并开放给供应商；提供化合物性质、上下游关系、MSDS、专业图谱等信息，并开发了化合物神经元产品推送系统。第二阶段，撮合交易。随着数据库商业化，摩贝化工成为行业内最大、最专业的化合物搜索引擎。随着采购商询盘增多，摩贝化工开始协助供应商和采购商交易,进而拓展至化学品外贸出口服务。第三阶段,供应链金融。在撮合服务中,摩贝化工发现采购与供应双方对于账期服务的固有需求,正式开启供应链金融服务。第四阶段,现货商城。为满足供应商更精细、专业的服务需求,摩贝化工开启现货商城,提供在线支付体系,并延伸至仓储、物流端。至此,摩贝化工打通化学品线上交易、支付、物流、仓储、供应链金融及外贸出口服务,并以互联网的开放、透明和高效,创造了全新的化学品生态链。

工业品企业加入产业互联网平台,能够享受到其带来的前所未有的优势。它们可以将原本烦琐的 CRM、DM(Date Mining,数据挖掘和分析)等职能迁移至平台,利用平台的智能化工具和技术,实现低成本的数字化营销,从而扩大市场份额。同时,借助平台的资源整合能力,企业能够轻松获取所需的生产资料和市场信息,优化生产流程,提高生产效率。此外,平台的咨询服务功能也能为企业提供专业的指导和建议,帮助企业解决生产和交易过程中遇到的问题,实现交易效率的提升。

案例 9-3 罗尔斯-罗伊斯公司服务导向的数字化营销

罗尔斯-罗伊斯公司(Rolls-Royce Plc)是全球主要的航空发动机制造企业,其数字化营销策略不仅提升了品牌影响力,还增强了与客户的互动性和黏性。作为波音、空客等飞机制造企业的供货商,罗尔斯-

罗伊斯公司并不直接向它们出售发动机,而是以"租用服务时间"的形式出售,并承诺在对方的租用时间段内承担一切保养、维修和服务,这种商业模式使公司能够专注于提供高质量的发动机维护和服务,与客户建立长期稳定的合作关系。

罗尔斯-罗伊斯公司通过 MTU(Maximum Transmission Unit,以字节为单位的网络传输最大数据包)解决方案,提供从设计、制造到维护的全生命周期支持,利用数字化手段扩展了发动机维护、发动机租赁和发动机数据分析管理等服务范围,并通过服务合同绑定用户。它选择 EngineData.io(实时通信库)平台进行发动机维护和数据分析,实现航空公司维护信息系统与其数字增强服务之间的自动通信。充分利用大数据和人工智能技术,并通过收集和分析发动机运行数据,提供了预测性的维护服务,从而减少了发动机故障和停机时间,提高了发动机的可靠性和安全性。其构建的数字化的仪表板和可视化报告,使客户能够实时了解飞机和发动机的运行状态,包括当前位置、即将到来的航班时刻表、维护计划及可用地勤的维护能力等。不仅提高了客户对服务的满意度,还增强了客户对企业的信任和依赖。

同时,罗尔斯-罗伊斯公司利用数字化手段优化了发动机维护流程和服务质量。它利用数字化技术收集和分析大量的发动机运行数据，通过数据建模和机器学习算法，能够准确地检测操作异常，有助于为客户提供优化操作建议。此外，它还积极利用社交媒体平台（如X、Linkedin等）进行品牌推广和客户互动，发布行业动态、技术更新、成功案例等内容吸引大量潜在客户的关注，提升了品牌的知名度和美誉度。

罗尔斯-罗伊斯公司的数字化营销策略以服务为导向，通过数据驱动决策，支持、扩展数字化服务，构建数字化平台，以及利用社交媒体和在线营销等手段，更快速地响应客户需求，提供更个性化的服务，成功地优化了客户体验，提升了企业的运营效率。这种服务模式还通过扩展数字化服务范围，将产品销售转变为服务销售，在提高客户满意度的同时，增加了企业的服务型收入。

参考文献

1. 吴越舟. 资深营销总监教你搞定工业品营销：23年工业品营销手记[M]. 北京：北京联合出版社，2015年.

2. [美]罗伯特·F. 德怀尔，[美]约翰·F. 坦纳. 工业品营销（第4版）. 吴长顺等，译. [M]. 北京：清华大学出版社. 2011年.

3. 吴越舟. 华为战略营销笔记[M]. 北京：机械工业出版社. 2021年.

4. [美]菲利普·科特勒，[美]凯文·莱恩·凯勒，[美]亚历山大·切尔内夫. 营销管理（第16版）. 陆雄文等，译. [M]. 北京：中信出版社，2022年.

5. [美]迈克尔·波特. 竞争战略. 陈丽芳等，译. [M]. 北京：中信出版社，2014.

6. 兰涛. 华为智慧：转型与关键时刻的战略抉择[M]. 北京：人民邮电出版社，2020年.

7. 孙凯，豆世红. 华为营销：征战全球的立体战术[M]. 北京：机械工业出版社，2013年.

8. 范厚华. 华为铁三角工作法[M]. 北京：中信出版社，2021年.

9. [美]菲利普·R. 凯特奥拉，[美]R. 布鲁斯·莫尼等. 国际市场营销学（第18版）才凤艳等，译.[M].北京：机械工业出版社，2024年。

10. [美]郭士纳.谁说大象不能跳舞.张秀琴等，译.[M].北京：中信出版社，2015年。

11. 王焕.格局之"营"：工业品营销人成长指南[M].上海：上海交通大学出版社，2020年.

12. 王永贵，吴剑峰.中国企业"走出去"案例汇编[M].北京：经济管理出版社，2020年.

13. 张小凤.合规国际化：中国企业走出去合规风险防控指南[M].北京：法律出版社，2023年.

14. 贾昌荣.工业品营销：赢在价值链[M].北京：中国电力出版社，2014年.

15. 丁兴良.世界500强企业的工业品营销之道[M].北京：经济管理出版社，2012年.

16. 丁兴良.工业品营销：应对互联网的大转型和大变革[M].北京：人民邮电出版社，2019年.

17. 周良军，邓斌.华为数字化转型：企业持续有效增长的新引擎[M].北京：人民邮电出版社，2021年.

18. 吴越舟.三一重工的数字化转型经验与启示[J].销售与市场，2022年.

19. 吴越舟、方扬.数字化转型与心智双三角模型[J].销售与市场.2022年.